漢字検定
準2級
［頻出度順］問題集

高橋書店

【本書の特長と使い方】

本書は**文部省認定「日本漢字能力検定」準2級**の問題集で、本試験の出題分野に対応して構成されています。

本書では最も効率的に学習し、短期間で確実に合格の実力を養えるように以下の工夫を施しています。

◆充実した問題数

準2級の試験範囲にピッタリ対応した4382問の充実した問題数で、着実に漢字力が向上し、分野ごとの弱点補強や基礎力アップが図れます。しかも、特に頻出度が高く必ず覚えたい問題にかぎっては、繰り返し出題されており、効率的な実力養成が可能です。

◆頻出度順のランク構成

準2級試験問題掲載の漢字の分析に加え、3級、2級の問題傾向を加味して**出題頻出度順に**

Aランク⬇必ず覚えておきたい頻出重要問題2190
Bランク⬇合格を確実にする最重要問題1452
Cランク⬇実力に差をつけるダメオシ問題740

の3ランクにふりわけてあります。もちろん3ランクすべての問題をこなすのが望ましいのですが、時間に余裕のない場合や、試験前の最終チェックにはAランクだけをやっても、十分な試験対策となります。

◆使いやすい一問一答形式

ページの上下に問題と解答を一問一答形式で掲載してあるため、ページをめくらずにすぐ答え合わせができ、学習スピードがアップします。

また、解答が赤刷りなので、**赤い透明シートや下敷きを使った解答チェック**も可能で、通学・通勤中の車中などでも、**クイズ感覚で試験勉強**ができます。

◆模擬試験2回分を掲載

過去の頻出漢字から作成した模擬試験問題を2回分掲載。手軽に実力判定ができます。

本書を存分に活用することで、準2級に合格されることを心よりお祈りいたします。

目次

CONTENTS

本書の特長と使い方……3
「漢字検定」受験ガイド……6
出題傾向と攻略ポイント……9

第1章　頻出度Aランク問題

- 読み1……18
- 読み2……20
- 読み3……22
- 読み4……24
- 読み5……26
- 読み6……28
- 読み7……30
- 書き取り1……32
- 書き取り2……34
- 書き取り3……36
- 書き取り4……38
- 書き取り5……40
- 書き取り6……42
- 書き取り7……44
- 四字熟語1……46
- 四字熟語2……48
- 四字熟語3……50
- 四字熟語4……52
- 送りがな1……54
- 送りがな2……56
- 送りがな3……58
- 誤字訂正1……60
- 誤字訂正2……62
- 誤字訂正3……64
- 誤字訂正4……66
- 誤字訂正5……68
- 対義語・類義語1……70
- 対義語・類義語2……72
- 対義語・類義語3……74
- 対義語・類義語4……76
- 同音・同訓異字1……78
- 同音・同訓異字2……80
- 同音・同訓異字3……82
- 同音・同訓異字4……84
- 部首1……86
- 部首2……88
- 部首3……90
- 熟語の構成1……92
- 熟語の構成2……94
- 熟語の構成3……96
- 漢字識別1……98
- 漢字識別2……100
- 漢字識別3……102

A

必ず覚えておきたい
頻出重要問題2190

第2章　頻出度Bランク問題

合格を確実にする
最重要問題1452
B

- 読み1……106
- 読み2……108
- 読み3……110
- 読み4……112
- 書き取り1……114
- 書き取り2……116
- 書き取り3……118
- 書き取り4……120
- 四字熟語1……122
- 四字熟語2……124
- 四字熟語3……126
- 送りがな1……128
- 送りがな2……130
- 誤字訂正1……132
- 誤字訂正2……134
- 誤字訂正3……136
- 誤字訂正4……138
- 対義語・類義語1……140
- 対義語・類義語2……142
- 対義語・類義語3……144
- 同音・同訓異字1……146
- 同音・同訓異字2……148
- 同音・同訓異字3……150
- 部首1……152
- 部首2……154
- 熟語の構成1……156
- 熟語の構成2……158
- 漢字識別……160

第3章　頻出度Cランク問題

- 読み1……164
- 読み2……166
- 読み3……168
- 書き取り1……170
- 書き取り2……172
- 書き取り3……174
- 四字熟語1……176
- 四字熟語2……178
- 誤字訂正1……180
- 誤字訂正2……182
- 対義語・類義語1……184
- 対義語・類義語2……186
- 同音・同訓異字1……188
- 同音・同訓異字2……190

C
実力に差をつける
ダメオシ問題740

第1回準2級模擬試験問題……192
第2回準2級模擬試験問題……196
第1回準2級模擬試験問題・解答……200
第2回準2級模擬試験問題・解答……201
常用漢字の特別な読みと用語例……202
熟字訓・当て字110語……204
級別漢字表……205

「漢字検定」受験ガイド

◆実施要項

●受験資格と受験級

級位には8級から1級まで10段階あり、どの級でも自由に受けられます。また試験時間がずれているため、別の級を2つ〜4つ同じ日に受けることも可能です。

漢字に自信がある方のおおよその目標レベルは、

- ・中学1年生…5級を目指す
- ・中学2年生…4級を目指す
- ・中学3年生…3級を目指す
- ・高校1、2年生…準2級を目指す
- ・高校3年生…2級を目指す
- ・大学生、社会人…2級以上を目指す

といったところですが、漢字の読み書き能力には個人差が大きいため、どの級を受験するかは、問題集や模擬試験で実力を推し量ったうえで検討するのがよいでしょう。初めての受験なら高校生で4級、社会人で3級の実力があるかどうかを確かめてみることをお勧めします。

●試験会場

・公開会場受験

日本漢字能力検定協会が一般受験者のために設けた会場です。個人であれば、すべて公開会場での受験となります。願書に記載の受験地の中から選択できますが、先着順のため希望受験地が満員の場合、他地区に変更される場合もあります。

・準会場受験

協会が認めた団体（学校や企業など）の施設を利用して、担当者の監督のもとに検定試験を実施する会場です。受験できるのは2級以下の団体受験者だけで、公開会場と同じ日に試験を実施します。また、休日実施の難しい団体のために、公開会場とは異なる日にも試験を実施します。なお、実施日によって試験問題は異なります。

●検定試験実施日と試験時間

日本漢字能力検定試験は、**年3回**定期的に行われます。

- ・第1回　**6月中の日曜日**
- ・第2回　**10月中の日曜日**
- ・第3回　**翌年1〜2月中の日曜日**

試験時間は各級とも**60分**です。

※準会場試験のみ8月にも行われます。（2・準2・3・4級）

●合格基準と通知

8級は150点満点、他の級はすべて200点満点です。正答率で、1級・準1級・2級と8級は80％、準2級〜7級は70％が合格の目安です。

試験実施後、40日を目安に合格者には合格証書と合格証明書が、不合格者には検定結果通知がそれぞれ郵送されます。

◆申し込み方法◆

個人受験では、次の5つから選ぶことができます。

①専用ダイヤルに電話をかけて申し込み、コンビニエンスストアで検定料を支払う。

②インターネットかiモードで申し込み、コンビニエンスストアで検定料を支払う。

③取り扱い書店で申し込み手続きをする。

④コンビニエンスストアのローソンで申し込み手続きをする。

⑤日本漢字能力検定協会に願書を請求し、直接申し込む。

・封筒の表に「願書請求」と朱書し、返信用封筒（住所・氏名を記した定形封筒長形3号に90円切手を貼ったもの）を同封して、日本漢字能力検定協会本部または事務局、取り扱い機関に送付します。

※手続き後、試験日の1週間前ごろまでに受験票が送られてきます。検定日3日前になっても受験票が届かない場合は、日本漢字能力検定協会京都事務局に問い合わせます。

- **申し込み専用**　TEL046-259-2590
- **インターネットアドレス**
  http://www.kentei.co.jp/
- **iモードアドレス**
  http://www.kanken.or.jp/imode/

●検定試験の問い合わせ先

- **財団法人 日本漢字能力検定協会**

・京都事務局
〒600-8585
京都市下京区烏丸通松原下る五条烏丸町398番地
TEL 075-352-8300　FAX 075-352-8310

・東京事務局
〒103-0026　東京都中央区日本橋兜町15番12号
TEL 03-3667-2181　FAX 03-3667-2185

- **漢検FAX情報サービス（プッシュ回線のみ）**
  TEL 075-342-4155
- **Eメールアドレス**
  info01@kanken.or.jp

●検定料（消費税含む）

1級	6,000円	準1級	5,000円
2級	4,000円	準2～7級	各2,000円
8級	1,500円		

採点の基準

①字体

解答は、筆画を正しく明確に書きます。くずした字体や、乱雑な書き方は採点の対象になりません。2～8級の解答には、常用漢字音訓表以外の読み方、常用漢字の旧字体、表外漢字は正答と認められません。

②仮名遣い、送りがな

仮名遣いと送りがなは、『新漢字必携＝漢検2級コース＝』（財団法人　日本漢字能力検定協会発行）収録の「現代仮名遣い」「送り仮名の付け方」により、この規定は1～8級の全級に適用されます。

③部首

部首については、『新漢字必携＝漢検2級コース＝』（財団法人　日本漢字能力検定協会発行）収録の「部首一覧表と部首別の常用漢字」に示す240部首によります。

④筆順

筆順は、学年別配当漢字表に示された漢字については、文部省編『筆順指導の手引』により、その他の常用漢字については、『新漢字必携＝漢検2級コース＝』（財団法人　日本漢字能力検定協会発行）に示す通りとします。

3級～2級の試験内容

級	短文中の漢字の読み	短文中の漢字の読み（音・訓）	短文中の書き取り	四字熟語	送りがな	誤字訂正	対義語・類義語	同音・同訓異字	部首・部首名	熟語の構成	漢字識別	対象漢字
3級	○	×	○	○	○	○	○	○	○	○	○	読み→4級までの対象漢字1322字＋3級新出漢字286字＝1608字（高等学校で学ぶ音・訓は含まない） 書き→5級までの対象漢字1006字＝小学校配当漢字
準2級	○	×	○	○	○	○	○	○	○	○	○	読み→3級までの対象漢字1608字＋準2級新出漢字337字＝全常用漢字1945字（高等学校で学ぶ音・訓は含まない） 書き→4級までの対象漢字1322字
2級	○	○	○	○	○	○	○	○	○	○	×	読み→全常用漢字1945字（高等学校で学ぶ音・訓を含む）＋人名用漢字285字 書き→全常用漢字1945字

参考：㈶日本漢字能力検定協会ホームページ
㈶日本漢字能力検定協会発行のパンフレット等

◆出題傾向と攻略ポイント◆

平成11年度から始まった準2級の検定では、10の分野（設問）に構成、出題されます。ここでは、各分野ごとの出題傾向や形式をもとに、学習するうえでの注意点や、受験に適した攻略ポイントについて解説していきます。

◆読み

■出題内容

配点 ●1問1点×30＝30点

範囲 ●常用漢字全部（高校で習う音・訓は除く）

傾向 ●音読み・訓読みともに2級新出漢字が中心。
音読み＝全体の約8割を占め、二字熟語が中心。
訓読み＝残り約2割で、主に一字訓。

■注意点・攻略ポイント

①準2級新出漢字の音・訓読みを総チェックする

例 洞察（ドウサツ）　償う（つぐなう）

この2つは、過去に出題された二字熟語と一字訓で、傍線の字が準2級新出漢字です。本書巻末の「級別漢字表」にある準2級新出漢字の読みを総点検しておきましょう。

②中学で習う読み方はまとめてチェックしておく

準2級の出題範囲は2級とは異なり、高校で習う読み方が出題されません。中心は中学で習う読み方となります。

例 号泣《ゴウキュウ》（「キュウ」が中学読み・7級漢字）
究《きわ》める（中学読み・8級漢字）

このように、3級以下の漢字でも中学で習う読み方はよく出題されます。*『漢検 常用漢字辞典』の巻末資料「常用漢字の音訓の小・中・高校別割り振り表」などを参考にチェックしておきましょう。

③熟字訓や当て字、特別な読み方はまとめて覚える

◆熟字訓・当て字

例 草履（ぞうり）　太刀（たち）　名残（なごり）

◆特別な読み方

例 雨傘（あまがさ）　久遠（クオン）　由緒（ユイショ）

これら熟字訓や当て字、特別な読み方をするものは、数は多くないものの出題される頻度は高いので、確実に得点したい問題です。本書巻末の「熟字訓・当て字110語」や「常用漢字の特別な読みと用語例」でまとめて点検しておきましょう。

④現代仮名遣いのルールを知っておく

解答は記述式で現代仮名遣いが基本。それ以外は不正解となります。一部を例示します。

◆助詞の「は・へ」以外のハ行はワ行に直す

例 賜る→×（たまはる）　○（たまわる）

◆オ列長音は、オ列の仮名に「う」を添える

例 灯台（トウダイ）　扇（おうぎ）

例外も含め、現代仮名遣いの注意点はさまざまです。知っているようで、意外に思い違いがあるかもしれません。読みがわかっていながら、仮名遣いで誤答とならないよう、一度自分の仮名遣いをチェックしておくことをお勧めします。*『新漢字必携』の「現代仮名遣い」を参照してください。

◆書き取り

■出題内容

配点 ●1問2点×20＝40点（読み系問題より配点が高い）

範囲 ●1322字（小学校配当漢字と4級新出漢字）

傾向 ●7級以上の二字熟語や4級漢字の一字訓、熟字訓が中心。

■注意点・攻略ポイント

①教科書体を手本に楷《かい》書で「書いて覚える」

検定の採点基準や受験時の心構えには、「楷書ではっきり書く」「くずし字や旧字体は誤答となる」と明記されています。この基準をクリアしているのは、次の活字例の中の教科書体だけです。

ゴシック体→衣　明朝体→衣　教科書体→衣

これを手本に正確に書く習慣をつけます。本書の解答や巻末の「級別漢字表」はすべてこの教科書体を使用しているので、参考にしてください。

◆主に間違えやすい文字の例

例
「とめ・はね」　とめる 林・特　はねる 持 少
「画の長短」　上が長い 志　真ん中が長い 乗
「つける・はなす」　つける 今　はなす 分
「出る・出ない」　出る 書　出ない 雪

②熟字訓や当て字、特別な読みの漢字も書けるようにする

熟字訓などは「読み」と同様「書き」にも出題されます。確実に書けるようにしておきましょう。

③ 意味を含めた学習が肝心

「正しく書く」ためには、文全体からその熟語の意味をくみ取る能力が必要です。漢字一字一字の字義と熟語としての意味を相互に理解しておくことが大切です。

◆四字熟語

■出題内容

配点 ●1問2点×10問＝20点（書き取り同様配点が高い）

範囲 ●1322字（小学校配当漢字と4級新出漢字）

傾向 ●中国の故事来歴や仏教用語など「典拠ある四字熟語」を中心に、一般用語〈例／環境破壊〉も出題される。

■注意点・攻略ポイント

① 四字熟語の構造を理解する

四字熟語は二字熟語を2つつなげたものがほとんどで、二字熟語をしっかり学習することが四字熟語攻略の近道となります。分け方はおおよそ次の6通り。

◆**数字が使われているもの**

例 一部始終・五里霧中

◆**上の二字と下の二字が似ていて一対になっているもの**

例 全知←一対→全能

（あらゆる知識がある→全知　何でもできる能力を持つ→全能）

◆**上の二字と下の二字が反対の意味で一対になっているもの**

例 温故←一対→知新

（昔のことを研究すること→温故　新たな知識を会得すること→知新）

◆**上の二字も下の二字もそれぞれ反対語になっていて、しかも上と下が一対になっているもの**

例 老若←一対→男女

（反対語→老若　反対語→男女）

◆**上の二字と下の二字が主語と述語の関係になっているもの**

例 意味深長

（主語→意味　述語→深長）

→意味が深くて含みがあること

◆**上の二字と下の二字が修飾語・被修飾語の関係、または連続関係にあるもの**

例 前後不覚

（修飾語→前後　被修飾語→不覚）

→前も後ろも（後先も）わからなくなること

② 四字熟語の種類（およそ4種類）とその特徴を理解する

◆**中国の古典にある故事来歴によるもの**

例 朝三暮四

（猿に「とちの実を、朝に三つ暮れに四つ与えよう」と言ったら怒ったが、「朝に四つ暮れに三つ」と言ったら喜んだという故事から「言葉巧みにだますこと」を意味する）

◆**仏教用語からきたもの**

例 盛者必衰（『仁王経』にある文章が出典もと）

◆古くから慣用的に使われてきたもの

例 山紫水明

◆一般用語として使われているもの

例 品質管理

四字熟語を理解し、正しく書くためには、元となった故事や成り立ちなど、内容と連動させることが必須《ひっす》です。このため、本書では検定のように漢字の選択肢を置かず、意味から推測して漢字を穴埋めする出題形式としました。

◆送りがな

■出題内容

配点 ●1問2点×5問＝10点

範囲 ●1322字（小学校配当漢字と4級新出漢字）

形式 ●活用のある語などを漢字と送りがなに分ける書き取り問題。

傾向 ●ほぼ全問が4級新出漢字の一字訓中心。

■注意点・攻略ポイント

現在、送りがなの基準となっているのは、昭和48年と56年に告示された「送り仮名の付け方」で、常用漢字表も、検定の採点もこの基準に沿っています。

①「活用のある語は活用語尾を送る」が基本

例 握る（にぎ〈語幹〉—る〈活用語尾〉）

→握らない・握ります・握れば・握れ

隠す（かく〈語幹〉—す〈活用語尾〉）

→隠さない・隠します・隠せば・隠せ

このような活用のある語（動詞・形容詞・形容動詞）の出題がほとんどなので、特に4級新出漢字の一字訓を中心に覚えておきましょう。

また、「活用語尾を送る」は、先の告示の通則1にあたりますが、例外も数多くあります。『新漢字必携』には、この告示の本文が記載されているので、目を通しておきましょう。

②字数が多い一字訓は最重要チェック

字数が多い活用のある語は検定試験で頻出する傾向があります。特に次の8つは丸暗記しておきましょう。

例
なげかわしい→嘆かわしい　　はずかしい→恥ずかしい
つかまえる→捕まえる　　やわらかい→柔らかい
いましめる→戒める　　たくわえる→蓄える
あまやかす→甘やかす　　いそがしい→忙しい

◆誤字訂正

■出題内容

配点 ●1問2点×10問＝20点

範囲 ●1322字（小学校配当漢字と4級新出漢字）

形式 ●20～30字の漢字を含む設問中、間違って使われている一字を訂正する書き取り問題。

傾向 ●9割が二字熟語（ないし三字熟語）のうちの一字の同音異字。残りの約1割が一字訓の同訓異字。

●頻出するパターンは次の通り

①字形も意味もまったく異なる同音異字や同訓異字

例　免許の手得　×手→○取

災害に供える　×供える→○備える

②字形が似ている同音異字

例　建物を腹元する　×腹→○復（部首が違う）

暮地へ行く　×暮→○墓（漢字の一部が違う）

●設問文に「同じ音訓の漢字」とことわりがあるため、字形は似ていても音訓が異なる漢字（たとえば因「イン」と困「コン」など）は出題されない。

■注意点・攻略ポイント

◎疑わしい字の意味をしっかり考えて違いをつきとめる

例　攻績をたたえる　攻（戦いをしかける／せめる）→×

功（手柄／なしとげた結果）→○

例　心が傷む　傷む（食品の腐敗／器物などの破損）→×

痛む（肉体的な痛さ／精神的な苦しみ）→○

設問文をサラッと読んでしまうと誤字をうっかり見逃してしまいがちです。まずは目でゆっくり形を追い、違和感を感じたら、意味を確かめることが大切です。本書の頻出度Aの漢字を挙げてみました。意味の違いを把握してみてください。

例　「占・専」「凶・恐」「屈・掘」「載せる・乗せる」「耐・待」「弾く・引く」「循・巡」など

◆対義語・類義語

■出題内容

配点 ●1問2点×10問＝20点

範囲 ●1322字（小学校配当漢字と4級新出漢字）

形式 ●対義語と類義語が5問ずつの計10問。選択肢を漢字に直す書き取り問題。

傾向 ●答えとなる熟語のうち、一字が4～6級漢字中心。

■注意点・攻略ポイント

①できるだけ多くの熟語にふれ、語い力を蓄える

熟語の意味を理解し、正確に書く習慣をつけるため、実際に

書いて覚えることが大事です。

② 対義語は分類して整理する

ア　前の漢字が共通のもの　輸出―輸入
イ　後ろの漢字が共通のもの　異常―正常
ウ　前後の漢字がそれぞれ対応するもの　増進―減退
エ　二字のどちらの漢字も対応しないもの　期待―失望

検定では、ウやエの出題が多くみられます。

③ 類義語は意味のうえでの許容範囲が広いため、できるだけ多くをひとまとめにして覚える

例　措置―処理―処置―対処
（適切にとりはからうこと。始末すること）

◆同音・同訓異字

■出題内容

配点 ●1問2点×15問＝30点
範囲 ●常用漢字全部（人名漢字、高等学校で習う音・訓は除く）
形式 ●3問1組で同音(訓)の字をそれぞれ選択肢から選ぶ。5組のうち、4組(12問)が二字熟語、残り1組(3問)が一字訓。
傾向 ●1組3問のうち、必ず1問は準2級新出漢字が出題されるため、準2級新出漢字の同音・同訓異字語は総チェックが必要。

■注意点・攻略ポイント

① 同音異字や同訓異字は、意味の違いを点検する

例　堕→落ちる／くずれる　→堕落
惰→気力がゆるみ、今までの状態・勢いが続く→惰性

「堕」と「惰」は共に「なまける・おこたる」の意味を持つ字ですが、それぞれの微妙な意味合いの違いを理解し、熟語と関連させて覚えておくことが大切です。こうすることで、「×惰落」「×堕性」といった間違いを防げます。

② 迷ったら、熟語にしてみる

例　税金を国にオサめる→納税する→納める

③ 設問から意味を想像して言葉に置き換える

例　医師のゴ診→誤った診察→誤診
キ得権を守る→既に得ている権利→既得権

◆部首

■出題内容

配点 ●1問1点×10問＝10点
範囲 ●常用漢字全部
形式 ●部首を書き示す記述問題。
傾向 ●約8割が2級新出漢字で、4級以下の漢字では特に部首が必要。

判別しにくいものや、間違えやすいものが出題される。

■注意点・攻略ポイント

①辞書を手元に置き、常に引いて確認する

ただし、部首分けは辞書によって違いがあるため、『新漢字必携』の「部首一覧表」や『漢検 常用漢字辞典』を基準にして自分なりに整理し、学習することをお勧めします。

②判別しにくい、間違えやすい部首を傾向別に整理する

◆部首として分解できる部分が複数ある漢字

例 敗→貝・攵　黙→里・犬・灬

◆字形から勘違いする漢字

例 維→糸（いとへん）←隹 と勘違いしがち

同→口（くち）←冂と勘違いしがち

募→力（ちから）←艹 と勘違いしがち

◆部首が見つけにくい漢字

例 垂→土（つち）　乗→ノ（の）　且→一（いち）

◆それ自体が部首の漢字

例 辛→辛（からい）　飛→飛（とぶ）　など

③漢字と部首の意味的なつながりを押さえておく

例 广（まだれ）→屋根の形を表していて、建物に関係する

→店・庁・廊・庫　など

◆熟語の構成

■出題内容

配点 ●1問1点×10問＝10点

範囲 ●常用漢字全部

形式 ●二字熟語の上下の漢字の結びつきを選択肢の中から選ぶ。

傾向 ●二字熟語の構成で検定に出るのは次の6つのパターン

ア 上（の字）と下（の字）が同じような意味

イ 上と下が反対または対応している

ウ 上が下を修飾している

エ 下が上の目的語・補語になっている

オ 主語と述語の関係にある

カ 上が下の意味を打ち消している

毎回出題されるア～エに、オ・カのどちらかを加えた5種類が選択肢。

本書では、6つすべてを選択肢として出題しています。

■注意点・攻略ポイント

①構成のパターンごとに見分け方のポイントをつかむ

アとイは比較的見当がつけやすいパターン。ウ～カは次のように考えると判断がつけやすくなります。

◆ウは文に言い換える。

例 強制→強く制する　暖流→暖かい流れ

◆エは上下を逆にし、「を」や「に」を加えて文にする。

例 遷都→都「を」遷（うつす・かえる）

着席→席「に」着く

◆オは「が（は）」をはさんで文にする。

例 雷鳴→雷「が」鳴る　村営→村「が」営む

◆カは打ち消す漢字「不・無・未・非・否」のつく熟語をまとめておく。

例 不燃・無断・未然・非凡・否認　など

②まずは一字一字の漢字の意味、さらにその熟語の意味を把握する

例 汚職→「汚れた職」「汚い職」だから**ウ**→×

「職を汚す」だから**エ**→○

これは「汚」や「職」の意味に加えて、「汚職」そのものの意味もわかっていないと間違えるケース。熟語の構成攻略には、意味の把握が欠かせないのです。

◆漢字識別

■出題内容

配点 ●1問2点×5問＝10点

範囲 ●常用漢字全部（高校で習う音・訓は除く）

形式 ●3つの熟語に共通する字を選択肢から選ぶ。

傾向 ●答えの漢字は約9割が2級新出漢字。

■注意点・攻略ポイント

◎2級新出漢字を中心にできるだけ多くの熟語にふれる

この分野では音読みの熟語力が問われます。準2級新出漢字を中心に、各々の漢字で作られる二字熟語（ないし三字熟語）をできるだけ多く学習しておきましょう。検定では、紛らわしい選択肢もあるので、1つの結びつきだけで即断せず、必ず、残りの2つも熟語にして確認しましょう。

＊漢字検定準2級の出題範囲は人名漢字を除く「常用漢字」のすべてであり、漢字検定挑戦のための学習には、この常用漢字についての知識・理解が欠かせません。そこで、合格を目指す学習の第一歩として、（財）日本漢字能力検定協会発行の次の2冊を基礎参考書とすることをお勧めします。

★『新漢字必携2級コース』（常用漢字についての知識が満載）

★『漢検　常用漢字辞典』（学習漢字・常用漢字すべての情報を網羅）

必ず覚えておきたい
頻出重要問題2190

第1章

頻出度 A ランク問題

● 読み……18
● 書き取り……32
● 四字熟語……46
● 送りがな……54
● 誤字訂正……60
● 対義語・類義語……70
● 同音・同訓異字……78
● 部首……86
● 熟語の構成……92
● 漢字識別……98

頻出度 A

読み ❶

◆次の——線の読みをひらがなで記せ。

□ 1 大臣の汚職を**糾明**する。
□ 2 **苦渋**に満ちた決断を下す。
□ 3 準決勝で**惜敗**する。
□ 4 チームの得点の**稼**ぎ頭だ。
□ 5 内閣の信用が大きく**失墜**した。
□ 6 この工場には十人の**旋盤**工がいる。
□ 7 新製品を店頭に**陳列**する。
□ 8 事故を起こして**賠償**金を支払った。
□ 9 着物は持ったが**草履**を忘れた。
□ 10 道路の**凹凸**を直す。
□ 11 職員会議で**謹慎**処分が決まった。
□ 12 キノコは**胞子**で増えていく。
□ 13 **叙景**詩を鑑賞する。
□ 14 消費者の**飢餓**感をあおる戦略だ。
□ 15 誤解も**甚**だしい。
□ 16 患部が**炎症**を起こした。
□ 17 ガラスだけでなく**窓枠**も掃除する。
□ 18 領空侵犯機に**威嚇**射撃をする。
□ 19 **蚊取**り線香は夏の必需品だ。
□ 20 医療の進歩に**貢献**する。
□ 21 公園に**蛍**を放した。
□ 22 欠陥商品による**訴訟**があいつぐ。
□ 23 各売場に注意事項を**徹底**する。
□ 24 **殊勝**な心がけに感心する。

解答

1 きゅうめい
2 くじゅう
3 せきはい
4 かせ
5 しっつい
6 せんばん
7 ちんれつ
8 ばいしょう
9 ぞうり
10 おうとつ
11 きんしん
12 ほうし
13 じょけい
14 きが
15 はなは
16 えんしょう
17 まどわく
18 いかく
19 かと
20 こうけん
21 ほたる
22 そしょう
23 てってい
24 しゅしょう

□ 25 猿の**縄張**り行動を観察する。
□ 26 **海藻**はミネラルが豊富だ。
□ 27 **逐一**報告するには及ばない。
□ 28 **禅宗**の寺を見学した。
□ 29 **崇高**な理念に基づいて行動する。
□ 30 **嫡嗣**が家を相続する。
□ 31 日本の農村が**疲弊**している。
□ 32 ドアに指を**挟**んだ。
□ 33 アコーデオンの**蛇腹**を伸縮させる。
□ 34 晩酌は**五勺**の吟醸酒だ。
□ 35 川辺には**柳**が植えられていた。
□ 36 長官の**更迭**は避けられない情勢だ。
□ 37 法律を**遵守**する。
□ 38 職務**怠慢**のそしりを免れない。
□ 39 春の**名残**に押し花を作る。
□ 40 玄関口でよび**鈴**を押した。

□ 41 顔に**泥**を塗られたと怒る。
□ 42 風**薫**る五月の野を歩く。
□ 43 ノンアルコールの**化粧品**を探す。
□ 44 捕手の**後逸**によって点が入った。
□ 45 **五重塔**を修復する。
□ 46 政財界の**癒着**を暴く。
□ 47 会は終始なごやかな**雰囲気**だった。
□ 48 父に**一喝**された。
□ 49 世界タイトルに**挑戦**する。
□ 50 犯罪の多発を**憂**える。
□ 51 敵の術中に**陥**る。
□ 52 **殊更**言及することもない。
□ 53 **譲渡**税を延滞する。
□ 54 **但**し十二歳未満は半額です。
□ 55 **諮問**委員会を招集する。
□ 56 **偽**らざる気持ちを述懐する。

25 なわば
26 かいそう
27 ちくいち
28 ぜんしゅう
29 すうこう
30 ちゃくし
31 ひへい
32 はさ
33 じゃばら
34 ごしゃく
35 やなぎ
36 こうてつ
37 じゅんしゅ
38 たいまん
39 なごり
40 りん

41 どろ
42 かお
43 けしょうひん
44 こういつ
45 ごじゅうのとう
46 ゆちゃく
47 ふんいき
48 いっかつ
49 ちょうせん
50 うれ
51 おちい
52 ことさら
53 じょうと
54 ただ
55 しもん
56 いつわ

頻出度

A

読み―②

◆次の――線の読みをひらがなで記せ。

□ 1 **腐敗**した食物を捨てる。

□ 2 **嫌悪**の情がわく。

□ 3 **欺**まんに満ちた人生をおくる。

□ 4 **竜巻**による被害は甚大だ。

□ 5 **謙譲**の精神を発揮する。

□ 6 顔が赤くなるような**醜聞**だった。

□ 7 童話の本には**挿**し絵がつきものだ。

□ 8 膨大な金額を**費**やした。

□ 9 我が国は**累進**課税を採用している。

□ 10 医学の発展に**生涯**をささげる。

□ 11 地震で土地が**陥没**した。

□ 12 流行が**廃**れるのは早い。

□ 13 **分割**払いでビデオデッキを買った。

□ 14 だてや**酔狂**でやっているのではない。

□ 15 **恥**ずかしいことに宿題を忘れた。

□ 16 **干潟**は野鳥の宝庫だ。

□ 17 氷を**砕**いてグラスに入れる。

□ 18 実用的**且**つ美しいデザインだ。

□ 19 新居には**石塀**を作ろう。

□ 20 **窯**で焼いたピザが売り物だ。

□ 21 合併に向けた**交渉**が始まった。

□ 22 **朱**に交われば赤くなる。

□ 23 **滞在**期間を延長する。

□ 24 上空を**偵察**機が飛んでいった。

解答

1 ふはい
2 けんお
3 ぎ
4 たつまき
5 けんじょう
6 しゅうぶん
7 さ
8 つい
9 るいしん
10 しょうがい
11 かんぼつ
12 すた
13 ぶんかつ
14 すいきょう
15 は
16 ひがた
17 くだ
18 か
19 いしべい
20 かま
21 こうしょう
22 しゅ
23 たいざい
24 ていさつ

□ 25 **洞穴**に人の住んだ跡がある。
□ 26 試験までもう時間の**余裕**がない。
□ 27 優秀賞の**該当**作品を発表する。
□ 28 **掘削**機で大きな穴を作る。
□ 29 こんこんと**諭**す。
□ 30 やっと**涼**しくなってきた。
□ 31 大部隊が町近くに**駐屯**する。
□ 32 この道路は車が**頻繁**に通る。
□ 33 新しい機械の**操作**方法を習う。
□ 34 無理な要求を**拒**む。
□ 35 文化大革命で**粛清**された。
□ 36 **缶詰**は十九世紀に発明された。
□ 37 事件の**被害**者に事情を聞く。
□ 38 **煮沸**消毒した針を使う。
□ 39 **卓抜**な推理で事件を解決した。
□ 40 女王に**拝謁**した。

□ 41 参加者に記念品が**進呈**された。
□ 42 お客様にお**酌**する。
□ 43 ストーリーが**佳境**に入る。
□ 44 症状は**下痢**と腹痛です。
□ 45 **時宜**を得た処置が大切だ。
□ 46 **銑鉄**から鉄鋼を作る。
□ 47 東京タワーからの**眺望**を楽しむ。
□ 48 知育**偏重**の教育方針を改める。
□ 49 **代償**に金品を要求する。
□ 50 過去の行いを**悔**いて生きる。
□ 51 畑に**畝**を作る。
□ 52 **示唆**に富んだことばだ。
□ 53 小説の脱稿を**催促**された。
□ 54 営業部門は専務が**総轄**している。
□ 55 肉は**腐**りかけがうまい、という。
□ 56 どちらかといえば**薄**味が好みだ。

25 どうけつ（ほらあな）
26 よゆう
27 がいとう
28 くっさく
29 さと
30 すず
31 ちゅうとん
32 ひんぱん
33 そうさ
34 こば
35 しゅくせい
36 かんづめ
37 ひがい
38 しゃふつ
39 たくばつ
40 はいえつ
41 しんてい
42 しゃく
43 かきょう
44 げり
45 じぎ
46 せんてつ
47 ちょうぼう
48 へんちょう
49 だいしょう
50 く
51 うね
52 しさ
53 さいそく
54 そうかつ
55 くさ
56 うす

読み ③

◆次の――線の読みをひらがなで記せ。

□ 1 浜辺に打ち上げられた**海藻**を拾う。
□ 2 連日の訪問に**甚**だ迷惑している。
□ 3 山の**暁**の美しさに感動する。
□ 4 雑誌の**懸賞**に応募する。
□ 5 過疎の農村から**出稼**ぎに出る。
□ 6 二人は**犬猿**の仲である。
□ 7 飛行機の**墜落**事故の速報が流れる。
□ 8 趣味は**川柳**を詠むことです。
□ 9 **陳腐**な表現を避ける。
□ 10 **累積**貿易黒字が五億ドルに達した。
□ 11 約束の**履行**を求める。
□ 12 彼は**穏**やかな人柄で好かれている。
□ 13 書き初めで**謹賀**新年と書いた。
□ 14 事故車が交通の流れを**遮**る。
□ 15 オデュッセイアは壮大な**叙事**詩だ。
□ 16 平和の**誓**いを新たにする。
□ 17 **渋**ガキを軒に干す。
□ 18 難点を**殊更**言い立てる。
□ 19 病人に**滋養**のある食べ物を与える。
□ 20 **但**し書きもよく読んでおきなさい。
□ 21 **寡聞**にして存じませんでした。
□ 22 国への**貢献**が認められての受賞だ。
□ 23 この辺はタヌキが**出没**します。
□ 24 逆転**勝訴**の報に歓声があがった。

解答

1 かいそう
2 はなは
3 あかつき
4 けんしょう
5 でかせ
6 けんえん
7 ついらく
8 せんりゅう
9 ちんぷ
10 るいせき
11 りこう
12 おだ
13 きんが
14 さえぎ
15 じょじ
16 ちか
17 しぶ
18 ことさら
19 じよう
20 ただ
21 かぶん
22 こうけん
23 しゅつぼつ
24 しょうそ

□ 25 父が母に**内緒**でお小遣いをくれた。

□ 26 **特殊**部隊に入る。

□ 27 入会には**煩雑**な手続きが必要だ。

□ 28 国会が**紛糾**した。

□ 29 彼は会うと**愚痴**ばかりこぼす。

□ 30 まるで**禅問答**のようだ。

□ 31 顧客に新しい機種を**薦**める。

□ 32 バスケットの試合で**辛勝**した。

□ 33 手品の腕前を**披露**する。

□ 34 敵に前後から**挟**まれた。

□ 35 **偽善**的な行いを非難する。

□ 36 貴族の**嫡嗣**として生まれる。

□ 37 **漠然**とした不安を抱く。

□ 38 なごやかな**雰囲気**で人気の店だ。

□ 39 評論するに**堪**える作品だ。

□ 40 **恐喝**の被害にあった。

□ 41 学校が**推奨**する本を読む。

□ 42 車が跳ね上げた**泥水**をかぶる。

□ 43 **垣根**の修理を手伝った。

□ 44 贈り物を**化粧**箱に詰めた。

□ 45 戦争の**惨禍**を後世に伝えよう。

□ 46 高い**塔**に登って町を見渡そう。

□ 47 **弔意**を表する。

□ 48 **遵法**精神にのっとって行動する。

□ 49 明治の**名残**をとどめた建物だ。

□ 50 廃線が**過疎**に拍車をかけた。

□ 51 首相が事態を**憂慮**し策を講じた。

□ 52 戦費で国が**窮乏**する。

□ 53 暖炉の**炎**を見つめる。

□ 54 特別に**枠外**で採用する。

□ 55 外国を**威嚇**するための軍事行為だ。

□ 56 **歯茎**を指でマッサージする。

25 ないしょ
26 とくしゅ
27 はんざつ
28 ふんきゅう
29 ぐち
30 ぜんもんどう
31 すす
32 しんしょう
33 ひろう
34 はさ
35 ぎぜん
36 ちゃくし
37 ばくぜん
38 ふんいき
39 た
40 きょうかつ
41 すいしょう
42 どろみず（でいすい）
43 かきね
44 けしょう
45 さんか
46 とう
47 ちょうい
48 じゅんぽう
49 なごり
50 かそ
51 ゆうりょ
52 きゅうぼう
53 ほのお
54 わくがい
55 いかく
56 はぐき

頻出度 A

読み ④

◆次の――線の読みをひらがなで記せ。

□ 1 放火現場は**炎**の海と化した。
□ 2 発言を**自粛**する。
□ 3 **後戻**りして落とし物を探す。
□ 4 必要**且**つ十分な条件を求めよ。
□ 5 ダイヤモンドに**幻惑**された。
□ 6 **砕氷**船で北極海を進む。
□ 7 **蛇行**する川を船で下る。
□ 8 **塀**を越えて侵入したらしい。
□ 9 大久保利通《おおくぼとしみち》は明治の**元勲**だ。
□ 10 ようやくお湯が**沸**いた。
□ 11 実家は**卸問屋**を営んでいます。
□ 12 **後悔**先に立たず。
□ 13 有名カメラマンと**詐称**する。
□ 14 文豪・夏目漱石《なつめそうせき》に**心酔**する。
□ 15 満員電車で**窒息**しそうだった。
□ 16 **干潟**には多くの生物が生息している。
□ 17 **醜**いアヒルの子は白鳥になった。
□ 18 健康を**損**なうまで働いた。
□ 19 旅行の**費用**を計算する。
□ 20 落花生《らっかせい》の**殻**を割る。
□ 21 上司に**虚偽**の報告をした。
□ 22 教養の欠如が**露呈**した。
□ 23 情状**酌量**の余地はあるようだ。
□ 24 **殴**られてあざができた。

解答

1 ほのお
2 じしゅく
3 あともど
4 か
5 げんわく
6 さいひょう
7 だこう
8 へい
9 げんくん
10 わ
11 おろしどんや
12 こうかい
13 さしょう
14 しんすい
15 ちっそく
16 ひがた
17 みにく
18 そこ
19 ひよう
20 から
21 きょぎ
22 ろてい
23 しゃくりょう
24 なぐ

□ 25 そりの**鈴**の音が響く。
□ 26 脱会者を名簿から**抹消**する。
□ 27 悔い改めて過去を**償**う。
□ 28 ハエが**媒介**する伝染病だ。
□ 29 コーデュロイは**畝織**りの一種だ。
□ 30 歯並びを**矯正**する。
□ 31 友人から借金返済を**催促**される。
□ 32 彼は**敏腕**で有名な弁護士だ。
□ 33 世界には**飢**えた人がたくさんいる。
□ 34 **缶切**りを忘れずに持っていこう。
□ 35 文章の**酷似**を指摘される。
□ 36 **天涯**孤独の身です。
□ 37 新製品の開発に**携**わる。
□ 38 大統領に**謁見**することができた。
□ 39 彼女は**貞操**観念が薄い。
□ 40 大統領が**拒否**権を発動した。
□ 41 クラブの**渉外**係を担当する。
□ 42 計画は**不首尾**に終わった。
□ 43 借金の返済が**滞**る。
□ 44 **果汁**百パーセントのジュースだ。
□ 45 **赤痢**はかつて命取りの病気だった。
□ 46 あたりは**漆黒**のやみだった。
□ 47 **溶銑**炉を建造する。
□ 48 **賃貸**物件を探している。
□ 49 彼の**該博**な知識には驚かされる。
□ 50 自転車の**蛍光**塗料がはげた。
□ 51 高校の**教諭**資格を持っている。
□ 52 **浅瀬**を探して渡る。
□ 53 治安維持のために国連軍が**駐屯**する。
□ 54 **嘱託**社員として勤める。
□ 55 浦島太郎は**竜宮**城に行った。
□ 56 講義録の**抜粋**を作成する。

25 すず
26 まっしょう
27 つぐな
28 ばいかい
29 うねお
30 きょうせい
31 さいそく
32 びんわん
33 う
34 かんき
35 こくじ
36 てんがい
37 たずさ
38 えっけん
39 ていそう
40 きょひ
41 しょうがい
42 ふしゅび
43 とどこお
44 かじゅう
45 せきり
46 しっこく
47 ようせん
48 ちんたい
49 がいはく
50 けいこう
51 きょうゆ
52 あさせ
53 ちゅうとん
54 しょくたく
55 りゅうぐう
56 ばっすい

頻出度A 読み ⑤

◆次の――線の読みをひらがなで記せ。

□1 **偏向**報道に抗議する。
□2 **弾劾**裁判が行われた。
□3 **渋**い顔で拒否された。
□4 当選の**暁**には公約を果たします。
□5 大企業の**合併**は影響が大きい。
□6 ピンセットで**挟**んでつまみ上げた。
□7 輸入額が**漸次**増えている。
□8 **革靴**は雨に弱い。
□9 議案に対して賛否両論が**渦巻**いた。
□10 **俊足**を生かした見事なプレーだ。
□11 **禍福**はあざなえる縄のごとし。
□12 問題文の意味が**把握**できない。
□13 心の**琴線**に触れることばだ。
□14 部屋に**遮光**カーテンを取り付ける。
□15 **迅速**な解決に賞賛の声が高まる。
□16 開会式の選手**宣誓**を任された。
□17 申込書の**頒価**は百円です。
□18 氷を**砕**いてジュースに浮かべる。
□19 **臭**いにおいが部屋に充満する。
□20 夕食後**憩**いのひとときを過ごす。
□21 **寡婦**にはつらい浮き世だ。
□22 古代中国では**甲骨**文字が使われた。
□23 考古学の研究に**没頭**した。
□24 意気**阻喪**した友人を慰める。

解答

1 へんこう
2 だんがい
3 しぶ
4 あかつき
5 がっぺい
6 はさ
7 ぜんじ
8 かわぐつ
9 うずま
10 しゅんそく
11 かふく
12 はあく
13 きんせん
14 しゃこう
15 じんそく
16 せんせい
17 はんか
18 くだ
19 くさ
20 いこ
21 かふ
22 こうこつ
23 ぼっとう
24 そそう

- □ 25 **渇水**期には節水に努める。
- □ 26 **疎外感**に一人悩む。
- □ 27 サハラ**砂漠**に旅行する。
- □ 28 **窮乏**生活を堪え忍ぶ。
- □ 29 盛大な**披露宴**だった。
- □ 30 **滋味**豊かな食べ物が食卓にのぼる。
- □ 31 彼に**太刀**打ちできる選手はいない。
- □ 32 立候補は**自薦他薦**を問いません。
- □ 33 あの政治家は**宰相**の器ではない。
- □ 34 **猿**の群れを観察する。
- □ 35 **斜面**をボールがころがり落ちる。
- □ 36 当市は**柳**がシンボルツリーです。
- □ 37 国家による**追悼**式が行われた。
- □ 38 支局長に**累進**した。
- □ 39 株価の**高騰**に市場が沸く。
- □ 40 **穏健**な思想の持ち主だ。
- □ 41 外国との交流を**奨励**する。
- □ 42 祖母の**還暦**を祝う。
- □ 43 この話は**内緒**にしてほしい。
- □ 44 **傑出**した才能がひときわ目立つ。
- □ 45 聞くに**堪**えない話だ。
- □ 46 **真偽**のほどは不明である。
- □ 47 遠方の親類に**弔電**を打つ。
- □ 48 子どもの将来について思い**煩**う。
- □ 49 **人垣**をかきわけるように進んだ。
- □ 50 政治の**空洞**化が指摘される。
- □ 51 研究所で成分を**分析**する。
- □ 52 大森**貝塚**はモースが発見した。
- □ 53 **痴漢**は犯罪です。
- □ 54 **抗菌**加工したまな板を使う。
- □ 55 ジャガイモの食用部分は**地下茎**だ。
- □ 56 組織の**中枢**として活躍する。

25 かっすい
26 そがいかん
27 さばく
28 きゅうぼう
29 ひろうえん
30 じみ
31 たち
32 じせんたせん
33 さいしょう
34 さる
35 しゃめん
36 やなぎ
37 ついとう
38 るいしん
39 こうとう
40 おんけん
41 しょうれい
42 かんれき
43 ないしょ
44 けっしゅつ
45 た
46 しんぎ
47 ちょうでん
48 わずら
49 ひとがき
50 くうどう
51 ぶんせき
52 かいづか
53 ちかん
54 こうきん
55 ちかけい
56 ちゅうすう

頻出度 A

読み ⑥

◆次の——線の読みをひらがなで記せ。

1 **蛇口**をひねって給水した。
2 募集の**枠**はもういっぱいです。
3 カニは**甲殻**類だ。
4 **蚊**に刺されやすい体質だ。
5 親譲りの土地を**詐取**された。
6 祖父が戦時を**述懐**した。
7 **損害**保険に加入する。
8 自室を**徹底的**に掃除する。
9 **殊勲**賞を受ける。
10 **泥縄**式の勉強ではだめだ。
11 **首尾**よく事を成し遂げた。
12 **駆逐艦**が出撃する。
13 人はお金に**幻惑**されがちだ。
14 **崇拝**する作家に会えて感激した。
15 **窒素**の元素記号はNである。
16 年功序列制には**弊害**もある。
17 なるべく口を**挟**まないで見守る。
18 酔っぱらって一人**気炎**を上げる。
19 **勺**は現在ほとんど使われない単位だ。
20 そろそろホテルに**戻**ろう。
21 不正が発覚して大臣を**更迭**する。
22 一つ百五円が**卸値**です。
23 自分の**怠慢**で周囲に迷惑をかけた。
24 **殴**られても倒れなかった。

解答

1 じゃぐち
2 わく
3 こうかく
4 か
5 さしゅ
6 じゅっかい
7 そんがい
8 てっていてき
9 しゅくん
10 どろなわ
11 しゅび
12 くちくかん
13 げんわく
14 すうはい
15 ちっそ
16 へいがい
17 はさ
18 きえん
19 しゃく
20 もど
21 こうてつ
22 おろしね
23 たいまん
24 なぐ

□ 25 故人を**哀惜**する。

□ 26 母の好物は**汁粉**です。

□ 27 **薫**りの高いお茶を差し入れる。

□ 28 山間の小川を**蛍**が飛びかう。

□ 29 戦争で記録が**散逸**してしまった。

□ 30 輪島の**漆**工場を見学する。

□ 31 傷は三日で**治癒**した。

□ 32 **媒酌**人は田中夫妻だ。

□ 33 夫の**不貞**が原因で離婚した。

□ 34 **賃貸**契約書に目を通す。

□ 35 干ばつによる**飢餓**地帯を歩く。

□ 36 落石により道路が**陥没**する。

□ 37 必要な部分を**抜粋**してください。

□ 38 探していた本を**譲渡**してもらった。

□ 39 左利きは**矯正**するに及ばない。

□ 40 その件は委員会に**諮**ってみよう。

□ 41 証明書を**呈示**してください。

□ 42 **予鈴**が鳴ったら席に着きなさい。

□ 43 和風の喫茶店で**抹茶**を注文する。

□ 44 **懸案**事項について話し合う。

□ 45 美しい**瀬戸内海**の夕暮れを見る。

□ 46 美しい**旋律**に耳を傾ける。

□ 47 世界の最高峰の登頂に**挑**む。

□ 48 **償還**は来年四月に行われます。

□ 49 政治の**腐敗**を糾弾する。

□ 50 犬は**鋭敏**な聴覚を持っている。

□ 51 触って**凹凸**を確かめる。

□ 52 **携帯**電話の普及はめざましい。

□ 53 顕微鏡で**細胞**を拡大して見る。

□ 54 将来を**嘱望**されている研究者だ。

□ 55 天皇陛下から勲章を**賜**る。

□ 56 目の**酷使**で視力が落ちる。

25 あいせき
26 しるこ
27 かお
28 ほたる
29 さんいつ
30 うるし
31 ちゆ
32 ばいしゃく
33 ふてい
34 ちんたい
35 きが
36 かんぼつ
37 ばっすい
38 じょうと
39 きょうせい
40 はか
41 ていじ
42 よれい
43 まっちゃ
44 けんあん
45 せとないかい
46 せんりつ
47 いど
48 しょうかん
49 ふはい
50 えいびん
51 おうとつ
52 けいたい
53 さいぼう
54 しょくぼう
55 たまわ
56 こくし

頻出度 A

読み ⑦

◆次の――線の読みをひらがなで記せ。

□ 1 **休憩**時間を終え仕事を再開する。

□ 2 事実を**厳粛**に受け止める。

□ 3 わざわざお時間を**割**いていただいた。

□ 4 両方の長所を**併**せ持つ。

□ 5 原稿を**朱筆**で訂正する。

□ 6 道路を**斜**めに横切る。

□ 7 講演では**挿話**をはさむと効果的だ。

□ 8 心より**哀悼**の意を表す。

□ 9 死者**累々**たる惨状に目をおおう。

□ 10 必ず**沸騰**したお湯を使ってください。

□ 11 **砕氷**船で流氷の中を進む。

□ 12 どこからか**琴**の音が聞こえてくる。

□ 13 人目を**欺**いて悪事を働く。

□ 14 地震の際には**迅速**な行動が大切だ。

□ 15 この上ない**恥辱**だ。

□ 16 同人誌を**頒布**する。

□ 17 相手がしかけた罠《わな》に**陥**ったようだ。

□ 18 死体が放つ**腐臭**に顔をそむける。

□ 19 **賠償**保険に加入する。

□ 20 **窯元**で修業する。

□ 21 **甲骨**文字は中国最古の文字だ。

□ 22 「いただく」は**謙譲**語だ。

□ 23 父の葬儀の**喪主**を務める。

□ 24 敵を**内偵**する。

解答

1 きゅうけい
2 げんしゅく
3 さ
4 あわ
5 しゅひつ
6 なな
7 そうわ
8 あいとう
9 るいるい
10 ふっとう
11 さいひょう
12 こと
13 あざむ
14 じんそく
15 ちじょく
16 はんぷ
17 おちい
18 ふしゅう
19 ばいしょう
20 かまもと
21 こうこつ
22 けんじょう
23 もしゅ
24 ないてい

□ 25 **適宜**休んでください。

□ 26 **裕福**な暮らしぶりをうらやむ。

□ 27 **貝塚**は古代のゴミ捨て場だ。

□ 28 **奨学金**を受けて進学する。

□ 29 **細菌**をシャーレで培養する。

□ 30 初出品の書が**佳作**に選出された。

□ 31 脳は人間の**中枢**神経だ。

□ 32 **所轄**の警察署へ出頭した。

□ 33 コンピューターを巧みに**操**る。

□ 34 古陶器には**偽物**も多いらしい。

□ 35 五十階からの**眺望**はすばらしい。

□ 36 **靴下**の穴を繕う。

□ 37 地震で大きな損害を**被**る。

□ 38 **俊敏**をもって鳴る人物だ。

□ 39 夕食前に**薄暮**の中を散歩した。

□ 40 おおまかな意味を**把握**する。

□ 41 川底を**掘削**する。

□ 42 税金の**還付**を受ける。

□ 43 **清涼**な気候の避暑地で夏を過ごす。

□ 44 有名作家の**傑作**集を編む。

□ 45 鋭い**洞察**力で事件を推理する。

□ 46 売り上げが**漸減**している。

□ 47 登校を**嫌**がる子どもをしかる。

□ 48 人工**透析**がかかせない体だ。

□ 49 平和を**渇望**している。

□ 50 戦争によって祖国が**荒廃**した。

□ 51 **渦**を巻いて流れる大河だ。

□ 52 殺人**教唆**の疑いがある。

□ 53 一国の**宰相**として名を残す。

□ 54 **頻発**する地震に不安が高まる。

□ 55 今日は**太刀魚**がお買い得だ。

□ 56 **卓抜**した才能で将来が期待される。

25 てきぎ
26 ゆうふく
27 かいづか
28 しょうがくきん
29 さいきん
30 かさく
31 ちゅうすう
32 しょかつ
33 あやつ
34 にせもの
35 ちょうぼう
36 くつした
37 こうむ
38 しゅんびん
39 はくぼ
40 はあく
41 くっさく
42 かんぷ
43 せいりょう
44 けっさく
45 どうさつ
46 ぜんげん
47 いや
48 とうせき
49 かつぼう
50 こうはい
51 うず
52 きょうさ
53 さいしょう
54 ひんぱつ
55 たちうお
56 たくばつ

頻出度

A

書き取り―①

◆次の――線のカタカナを漢字に直せ。

□ 1 会議で**スルド**い意見を述べた。

□ 2 機械の**アツカ**い方を習う。

□ 3 首相の発言が**ハモン**を投げかけた。

□ 4 **ワタ**し船が今でも運航している。

□ 5 町はひどい地震に**オソ**われた。

□ 6 たんぽぽの種は**ワタゲ**のようだ。

□ 7 四月**ショジュン**に開花予定だ。

□ 8 敵の**モウコウ**にたえぬく。

□ 9 わたしが**イタ**しましょう。

□ 10 **アワ**い色のスーツを買う。

□ 11 他人に**ゲイゴウ**してはいけないよ。

□ 12 景気対策に**ナイジュ**の拡大をはかる。

□ 13 社長の交代は**ネミミ**に水だった。

□ 14 今年は稲の**サクガラ**がいい。

□ 15 **キュウレキ**のお正月を祝う。

□ 16 ひとつお**ウカガ**いしていいですか。

□ 17 意見の**ソウイ**を調整する。

□ 18 **イモ**は南米渡来の植物だ。

□ 19 全力を**ケイチュウ**した企画が通る。

□ 20 使った食器を水に**ヒタ**す。

□ 21 同業者が**ノキナ**み倒産した。

□ 22 次の文の**ヨウシ**を百字でまとめよ。

□ 23 家業はウナギの**ヨウショク**だ。

□ 24 親友の**シンライ**を裏切った。

解答

1 鋭
2 扱
3 波紋
4 渡
5 襲
6 綿毛
7 初旬
8 猛攻
9 致
10 淡
11 迎合
12 内需
13 寝耳
14 作柄
15 旧暦
16 伺
17 相違
18 芋
19 傾注
20 浸
21 軒並
22 要旨
23 養殖
24 信頼

□ 25 洋服を**タタ**んで片づけなさい。
□ 26 それは**アンモク**の了解事項だ。
□ 27 **イッシュン**の出来事だった。
□ 28 **マンセイ**の胃炎で苦しむ。
□ 29 生活の**キバン**を築く。
□ 30 植物の**メバナ**を識別する。
□ 31 名前と出自を**タズ**ねる。
□ 32 **ミャクラク**のない話だ。
□ 33 見事な細工に**キョウタン**する。
□ 34 **ハヤザ**きの桜が開花した。
□ 35 **コメダワラ**を運んで腰を痛める。
□ 36 あまりの残酷さに顔を**ソム**ける。
□ 37 船で**ウンパン**しよう。
□ 38 **ナナ**め前の家に犬がいる。
□ 39 フルートを**フ**くのが得意だ。
□ 40 **レイショ**体で印鑑を作る。

□ 41 友人の**ジンリョク**で問題が解決する。
□ 42 集合場所に**オソ**く着いた。
□ 43 新しい路線が**シ**かれた。
□ 44 つり糸を**タグ**り寄せた。
□ 45 一般に**フキュウ**している方法をとる。
□ 46 野菜の**ニモノ**を作る。
□ 47 お**ボン**休みに旅行しよう。
□ 48 用紙に**ネンレイ**と性別を書く。
□ 49 協会から**ダッタイ**する。
□ 50 友人を**キヅカ**う。
□ 51 洗濯物から**シズク**が垂れる。
□ 52 前任者の方法を**トウシュウ**する。
□ 53 勢いよく水が**フ**き出した。
□ 54 力の強さを人前で**コジ**する。
□ 55 自動**セイギョ**が作動した。
□ 56 月は地球の**ワクセイ**だ。

25 畳
26 暗黙
27 一瞬
28 慢性
29 基盤
30 雌花
31 尋
32 脈絡
33 驚嘆
34 早咲
35 米俵
36 背
37 運搬
38 斜
39 吹
40 隷書

41 尽力
42 遅
43 敷
44 手繰
45 普及
46 煮物
47 盆
48 年齢
49 脱退
50 気遣
51 滴
52 踏襲
53 噴
54 誇示
55 制御
56 惑星

頻出度 A

書き取り ②

◆次の——線のカタカナを漢字に直せ。

□ 1 すばらしい**オドリ**に感動する。
□ 2 **リュウシ**の細かい写真だ。
□ 3 値段の高さに**ギョウテン**した。
□ 4 電車が終点に**トウチャク**した。
□ 5 どちらを選ぼうか**ナヤ**む。
□ 6 病気で**ショクヨク**がない。
□ 7 犯罪の**オンショウ**となる環境だ。
□ 8 箱入り**ムスメ**で世間知らずだ。
□ 9 意見の相違で連合から**リダツ**した。
□ 10 まっすぐ行くと東京駅に**イタ**る。
□ 11 **タイクツ**な話にうんざりした。
□ 12 **コンキョ**のないうわさを流す。
□ 13 **ヤワ**らかな肌ざわりの下着だ。
□ 14 大地の**メグ**みに感謝する。
□ 15 左右**タイショウ**の図形を描く。
□ 16 祖父はまだまだ**アシコシ**が丈夫だ。
□ 17 **エンニチ**で綿あめを買った。
□ 18 **キガン**がかなう。
□ 19 水害を**コウム**った。
□ 20 四打席とも**サンシン**だった。
□ 21 **ハジ**知らずな行為だ。
□ 22 北海道の**チンミ**をいただいた。
□ 23 水の**シンショク**作用で石に穴があく。
□ 24 大空をかける**ツバサ**がほしい。

解答

1 踊
2 粒子
3 仰天
4 到着
5 悩
6 食欲
7 温床
8 娘
9 離脱
10 至
11 退屈
12 根拠
13 柔
14 恵
15 対称
16 足腰
17 縁日
18 祈願
19 被
20 三振
21 恥
22 珍味
23 浸食
24 翼

25 **ハマベ**で貝殻を拾う。

26 **スジミチ**を立てて考える。

27 人ごみで名前を**ヨ**ばれた。

28 明白な証拠がなく不**キソ**となった。

29 **ソシキ**の一員となる。

30 銀行で**リョウガエ**する。

31 首相の**タイジン**を要求する。

32 経験を**コウリョ**して任命する。

33 四輪**クドウ**の車を運転する。

34 母の**ツイオク**にふける。

35 大事にしていたおもちゃが**コワ**れた。

36 走るとシン**パク**数が上がる。

37 通信**ハンバイ**でいすを買った。

38 うちでは**シバカ**りは夫の役目だ。

39 中国**エンセイ**に帯同する。

40 **トナリ**近所に協力をお願いする。

41 叔父の家に**ト**まる。

42 難しい問題が**カイザイ**している。

43 だれかの**ゼッキョウ**が聞こえた。

44 森の中で虫を**ツカ**まえた。

45 大勢には**エイキョウ**しない。

46 会の**シュイ**が不明確だ。

47 **アザ**やかに問題を解決する。

48 **レッカ**のごとく怒った。

49 議論の**ホコサキ**をかわした。

50 **カンシン**を買うため招待した。

51 石油は輸入がほとんどを**シ**める。

52 企画が**ツ**めの段階に入った。

53 業績悪化で支店を**ヘイサ**した。

54 眉目《びもく》**シュウレイ**な顔立ちだ。

55 **キミョウ**な夢をみた。

56 **ロコツ**にいやな顔をする。

25	浜辺
26	筋道
27	呼
28	起訴
29	組織
30	両替
31	退陣
32	考慮
33	駆動
34	追憶
35	壊
36	心拍
37	販売
38	芝刈
39	遠征
40	隣
41	泊
42	介在
43	絶叫
44	捕
45	影響
46	趣意
47	鮮
48	烈火
49	矛先
50	歓心
51	占
52	詰
53	閉鎖
54	秀麗
55	奇妙
56	露骨

頻出度 A

書き取り ③

◆次の――線のカタカナを漢字に直せ。

□ 1 服を**ヌ**いで川に飛び込んだ。

□ 2 どうぞお**キヅカ**いなく。

□ 3 香水を**イッテキ**つける。

□ 4 とうとう頂上を**フ**むことができた。

□ 5 火山の**フンカ**を恐れて避難する。

□ 6 日の出の**シュンカン**をとった写真だ。

□ 7 眠気で注意力が**サンマン**になる。

□ 8 行うべきかどうか思い**マド**う。

□ 9 カ**ツ**きて倒れる。

□ 10 **チコク**をしかられる。

□ 11 庭に**シキイシ**を並べる。

□ 12 記憶の糸を**タグ**り寄せて証言した。

□ 13 パソコンが家庭に**フキュウ**した。

□ 14 **シュ**に交われば赤くなる。

□ 15 **コウマン**な人は嫌われる。

□ 16 **ジュレイ**千年といわれる大木だ。

□ 17 すばらしさに**サンタン**の声をあげた。

□ 18 桃の花が見事に**サ**いている。

□ 19 米を**イッピョウ**買う。

□ 20 **ハイニン**容疑で逮捕される。

□ 21 展覧会場に作品を**ハンニュウ**する。

□ 22 正月に**ゾウニ**はかかせない。

□ 23 **イド**水に細菌が繁殖する。

□ 24 他国に**レイゾク**した国だ。

解答

1 脱	2 気遣	3 一滴	4 踏	5 噴火	6 瞬間	7 散漫	8 惑	9 尽	10 遅刻	11 敷石	12 手繰
13 普及	14 朱	15 高慢	16 樹齢	17 賛嘆	18 咲	19 一俵	20 背任	21 搬入	22 雑煮	23 井戸	24 隷属

□25 来年の**コヨミ**が売り出された。
□26 先生のお話を**ウカガ**う。
□27 出身校に**ホコ**りをもつ。
□28 あて名は事務局**オンチュウ**です。
□29 我が家の**カモン**は梅だ。
□30 海外**トコウ**が珍しかった時代だ。
□31 **スイソウガク**部に所属している。
□32 本部からの**レンラク**を待つ。
□33 計算を**マチガ**えた。
□34 ふかした**イモ**を食べる。
□35 地震で家が**カタム**く。
□36 **ス**かし模様の服を着る。
□37 山の中の**イッケンヤ**を訪ねる。
□38 会の**シュシ**に反した行動をつつしむ。
□39 彼は**リショク**の才で資産家となった。
□40 **タヨ**ってばかりいるのはよくない。
□41 **チメイ**的な欠陥を発見した。
□42 **レイタン**な態度をとる。
□43 **ソウゲイ**の車が来た。
□44 人間には**ジュンノウ**性がある。
□45 **シンシツ**の電灯をつける。
□46 さくらんぼの**エ**と種を取り除く。
□47 部屋は**ロクジョウ**一間です。
□48 親に**ダマ**って出かけた。
□49 彼は**エイリ**な頭脳を持っている。
□50 **アツカ**っている商品が多い店だ。
□51 **バンジャク**の重みを感じる。
□52 **ジュヨウ**を調査して生産する。
□53 **トウトツ**に指名されておどろく。
□54 この洋服の材質は**メン**です。
□55 **ジュンカン**の雑誌を出版する。
□56 虫取り**アミ**でトンボをとらえた。

25 暦
26 伺
27 誇
28 御中
29 家紋
30 渡航
31 吹奏楽
32 連絡
33 間違
34 芋
35 傾
36 透
37 一軒家
38 趣旨
39 利殖
40 頼
41 致命
42 冷淡
43 送迎
44 順応
45 寝室
46 柄
47 六畳
48 黙
49 鋭利
50 扱
51 盤石
52 需要
53 唐突
54 綿
55 旬刊
56 網

頻出度 A

書き取り ④

◆次の——線のカタカナを漢字に直せ。

□ 1 **ムジュン**に満ちた人生だった。

□ 2 **ガンチク**のある意見を述べた。

□ 3 **ドクセン**禁止法に違反する。

□ 4 **テンプ**した書類をごらんください。

□ 5 犬が**クサリ**をかみちぎる。

□ 6 **ジュウイシ**免許を取得する。

□ 7 **フミン**症の薬を投与してもらう。

□ 8 一族**ロウトウ**を引き連れて移住する。

□ 9 **シンチョウ**にことをすすめよう。

□ 10 他人が**カイニュウ**することではない。

□ 11 大型店の出現で商店街が**サビ**れた。

□ 12 野球の試合で**ホシュ**を務める。

□ 13 **ヒマ**つぶしに散歩に出た。

□ 14 非常に**オモムキ**のある家だ。

□ 15 **ヘイボン**な一市民だ。

□ 16 作品が**ツウレツ**に批判される。

□ 17 時代の**センク**的な作品だ。

□ 18 水質**オセン**の調査をする。

□ 19 増水で土手が**ケッカイ**した。

□ 20 範囲が**セバ**まってきた。

□ 21 製品の**ハンロ**の拡大が急務だ。

□ 22 お**シバイ**を見にいくのが楽しみだ。

□ 23 他国を**セイフク**する。

□ 24 **ナミダゴエ**で抗議する。

解答

1 矛盾
2 含蓄
3 独占
4 添付
5 鎖
6 獣医師
7 不眠
8 郎党
9 慎重
10 介入
11 寂
12 捕手
13 暇
14 趣
15 平凡
16 痛烈
17 先駆
18 汚染
19 決壊
20 狭
21 販路
22 芝居
23 征服
24 涙声

□ 25 虫の**ショッカク**を観察する。

□ 26 運動して**キンリョク**をつける。

□ 27 力が**ゴカク**で勝負がつかない。

□ 28 裁判所に**ウッタ**える。

□ 29 球が大きく**ハ**ねた。

□ 30 石油の**ダイタイ**資源はない。

□ 31 選挙戦の**ジンチュウ**見舞いをする。

□ 32 **フリョ**の事故で亡くなった。

□ 33 レースの**フチ**どりをつける。

□ 34 欠席を**イマシ**める。

□ 35 事件の**ヒガイ**者に事情をきく。

□ 36 針が右に**フ**れた。

□ 37 社会の**チブ**と批判する。

□ 38 彼は**フウガ**を解する人だ。

□ 39 権利を**オカ**された怒りは大きい。

□ 40 急な**ライウ**に足止めされた。

□ 41 郷土が生んだ**イダイ**な人物だ。

□ 42 **イタ**らなくてもうしわけありません。

□ 43 事の**ケイイ**がはっきりする。

□ 44 事故の**ショウサイ**が明らかになった。

□ 45 車から現金が**ヌス**まれる。

□ 46 **チエ**の輪をとく。

□ 47 両親に恋人を**ショウカイ**する。

□ 48 **モノゴシ**の柔らかい人だ。

□ 49 民族**ブヨウ**を鑑賞する。

□ 50 試合相手と**アクシュ**をかわす。

□ 51 塔を**アオ**ぎ見る。

□ 52 **シユウ**を決するときが来た。

□ 53 表情に**クノウ**の色がにじんでいる。

□ 54 **オウギ**を持って能楽を舞う。

□ 55 **ユカシタ**収納庫に保存する。

□ 56 一人**ムスメ**として大事に育てられる。

25 触角
26 筋力
27 互角
28 訴
29 跳
30 代替
31 陣中
32 不慮
33 縁
34 戒
35 被害
36 振
37 恥部
38 風雅
39 侵
40 雷雨

41 偉大
42 至
43 経緯
44 詳細
45 盗
46 知恵
47 紹介
48 物腰
49 舞踊
50 握手
51 仰
52 雌雄
53 苦悩
54 扇
55 床下
56 娘

頻出度 A

書き取り ⑤

◆次の――線のカタカナを漢字に直せ。

□ 1 **フキュウ**の名作を読む。

□ 2 安い製品は品質が**オト**る。

□ 3 会合は**セイカイ**のうちに終わった。

□ 4 **ツバサ**を広げて飛び立つ。

□ 5 猫が**イッピキ**屋根の上で遊んでいる。

□ 6 **シュイロ**の衣を羽織る。

□ 7 夢中で**ボウケン**小説を読む。

□ 8 **エッキョウ**入学を許可する。

□ 9 **コウキュウ**の平和をちかう。

□ 10 早急に**ゼセイ**すべき問題である。

□ 11 政治的な**ダンアツ**を受ける。

□ 12 **キャクチュウ**で意味を理解した。

□ 13 なべでバターを**ト**かす。

□ 14 **カ**れた味わいの絵だ。

□ 15 ご**シテキ**の点は改善します。

□ 16 柔道の試合を**チュウケイ**で見る。

□ 17 **フリョク**の大きい船を設計する。

□ 18 **セッシュウ**は有名な画僧だ。

□ 19 映画館の中は**キンエン**だ。

□ 20 **ゼンプク**の信頼をおく。

□ 21 **コワ**い話にふるえあがる。

□ 22 **ジョウブ**な苗を育てる。

□ 23 森の下草が**ハンモ**している。

□ 24 事務を**ト**る。

解答

1 不朽
2 劣
3 盛会
4 翼
5 一匹
6 朱色
7 冒険
8 越境
9 恒久
10 是正
11 弾圧
12 脚注
13 溶
14 枯
15 指摘
16 中継
17 浮力
18 雪舟
19 禁煙
20 全幅
21 怖
22 丈夫
23 繁茂
24 執

□ 25 国会を**ショウシュウ**する。

□ 26 真相は五里**ムチュウ**のままだ。

□ 27 **ヤクドウ**感あふれる踊りだ。

□ 28 石油を輸入に**イゾン**する。

□ 29 **キョシュウ**を決する。

□ 30 寒い気候に**ジュンノウ**する。

□ 31 恐怖にうち**フル**えた。

□ 32 答えを後の**クウラン**に書きなさい。

□ 33 チームの**チュウケン**として活躍する。

□ 34 **クワ**しくは本で調べてください。

□ 35 新製品の記事が新聞に**ノ**る。

□ 36 夜間の**ジュンカイ**を強化する。

□ 37 パーティー会場を**カザ**り付ける。

□ 38 **ミンヨウ**大会に出場する。

□ 39 結婚後も**キュウセイ**を使う。

□ 40 **チリョウ**方法を患者に説明する。

□ 41 **コウイン**矢のごとし。

□ 42 町の**メイヨ**となる功績だ。

□ 43 **キビン**な救助活動が行われた。

□ 44 **シャクゼン**としない結果だ。

□ 45 **カラクサ**模様の布を用意する。

□ 46 目が回るほど**イソガ**しい。

□ 47 歴史に大きな**ソクセキ**を残す。

□ 48 容姿**タンレイ**な方です。

□ 49 **セイダク**あわせのむ。

□ 50 あまりの**サワ**がしさに抗議する。

□ 51 **ヌマ**の中からコイが顔を出す。

□ 52 今年の**ショウヨ**は期待できる。

□ 53 ライオンが**エモノ**を見つけた。

□ 54 庭の雑草を**カ**る。

□ 55 諸国**マンユウ**の旅に出る。

□ 56 夫とは**レンアイ**結婚です。

25	召集
26	霧中
27	躍動
28	依存
29	去就
30	順応
31	震
32	空欄
33	中堅
34	詳
35	載
36	巡回
37	飾
38	民謡
39	旧姓
40	治療

41	光陰
42	名誉
43	機敏
44	釈然
45	唐草
46	忙
47	足跡
48	端麗
49	清濁
50	騒
51	沼
52	賞与
53	獲物
54	刈
55	漫遊
56	恋愛

頻出度 A

書き取り―⑥

◆次の――線のカタカナを漢字に直せ。

□ 1 上位に**ヤクシン**する。

□ 2 病床の母の手を**ニギ**る。

□ 3 **シュウショク**祝いを贈る。

□ 4 生まれた子犬は**オス**だった。

□ 5 化学反応で水溶液が**ニゴ**る。

□ 6 **センジョウ**地に町がひらかれた。

□ 7 **コショウ**地方を訪れた。

□ 8 今年の夏は**モウショ**だった。

□ 9 **エラ**そうな態度をとる。

□ 10 庭の草**カ**りをしよう。

□ 11 **イド**の高い国は冬が長い。

□ 12 記念に桜を**ショクジュ**した。

□ 13 名著の**トウサク**が発覚する。

□ 14 東北地方を**メグ**る旅をした。

□ 15 医師が**ショウカイジョウ**に目を通す。

□ 16 能の歌詞を**ヨウキョク**という。

□ 17 危険を**オカ**して雪山に登る。

□ 18 社員を**カイコク**処分にする。

□ 19 太陽は**コウセイ**だ。

□ 20 汚れが中まで**シントウ**している。

□ 21 期待に胸が**ハズ**む。

□ 22 **ユウガ**な暮らしぶりをうらやむ。

□ 23 家は**シンド**七の揺れにも耐えた。

□ 24 **カミナリ**の音で飛び起きた。

解答

1 躍進
2 握
3 就職
4 雄
5 濁
6 扇状
7 湖沼
8 猛暑
9 偉
10 刈
11 緯度
12 植樹
13 盗作
14 巡
15 紹介状
16 謡曲
17 冒
18 戒告
19 恒星
20 浸透
21 弾
22 優雅
23 震度
24 雷

□ 25 旅行先で美しい芸術に**フ**れた。
□ 26 道**ハバ**が急に狭くなった。
□ 27 お**タガ**いに気をつけましょう。
□ 28 兄と**セタケ**を比べる。
□ 29 体操では**チョウバ**が得意だ。
□ 30 濃い**ムラサキ**色の洋服を着る。
□ 31 不審な人物を**ジンモン**する。
□ 32 手術後**リョウヨウ**生活を送る。
□ 33 **ク**ちはてた古い家をとりこわす。
□ 34 洗剤で**ヨゴ**れをおとす。
□ 35 **サカ**りの梅を観賞する。
□ 36 肩身の**セマ**い思いをする。
□ 37 日本記録に**ヒッテキ**する好タイムだ。
□ 38 **シャヨウ**産業と風評が立つ。
□ 39 工場の**アトチ**に公園ができた。
□ 40 恩師の言葉で**カンルイ**にむせんだ。
□ 41 暴飲暴食を**ツツシ**む。
□ 42 酸性雨で木が**カ**れる。
□ 43 一時の**セイジャク**を楽しむ。
□ 44 家業を**ツ**ぐことにした。
□ 45 **スンカ**を惜しんで練習する。
□ 46 **フネ**をこいで川を渡る。
□ 47 **ボンジン**には思いつかない考えだ。
□ 48 **ハツコイ**の思い出にひたる。
□ 49 名作の**ホマ**れが高い。
□ 50 **ガンチク**に富んだ作品だ。
□ 51 英文**カイシャク**の問題を解く。
□ 52 焼肉に野菜を**ソ**える。
□ 53 **タボウ**につき欠席します。
□ 54 夜の森には**ケモノ**がひそむ。
□ 55 **ネムケ**が急におそってきた。
□ 56 **シンロウ**にお祝いのことばを贈る。

25 触
26 幅
27 互
28 背丈
29 跳馬
30 紫
31 尋問
32 療養
33 朽
34 汚
35 盛
36 狭
37 匹敵
38 斜陽
39 跡地
40 感涙
41 慎
42 枯
43 静寂
44 継
45 寸暇
46 舟(船)
47 凡人
48 初恋
49 誉
50 含蓄
51 解釈
52 添
53 多忙
54 獣
55 眠気
56 新郎

頻出度 A

書き取り ⑦

◆次の——線のカタカナを漢字に直せ。

□ 1 **ヒカゲ**に入って涼もう。

□ 2 今年のイチゴは小**ツブ**だが甘い。

□ 3 **ビンカン**に反応する。

□ 4 用意**シュウトウ**な計画を立てた。

□ 5 針で**ツ**いて穴をあける。

□ 6 お祝いに**ホ**しい物を買ってあげよう。

□ 7 王様が多くの家臣を**メ**しかかえた。

□ 8 **キリ**で対向車が見えない。

□ 9 旅館の**ハナ**れに滞在する。

□ 10 仕事を**イライ**する。

□ 11 **クッセツ**した心理を描写する。

□ 12 論より**ショウコ**。

□ 13 祖母は**ニュウワ**な人だった。

□ 14 不用意な発言で大**ソウドウ**となる。

□ 15 友人と**アイショウ**で呼び合う。

□ 16 エサを**アタ**えないでください。

□ 17 くじで大金を**カクトク**する。

□ 18 神様にお**イノ**りする。

□ 19 **テガタ**く攻める。

□ 20 **ジュモク**の多い庭だ。

□ 21 雑誌の**レンサイ**小説を読む。

□ 22 **メズラ**しい人が訪ねてきた。

□ 23 **フンショク**決算が問題となっている。

□ 24 飛行機の**ウヨク**に故障が発生する。

解答

1 日陰
2 粒
3 敏感
4 周到
5 突
6 欲
7 召
8 霧
9 離
10 依頼
11 屈折
12 証拠
13 柔和
14 騒動
15 愛称
16 与
17 獲得
18 祈
19 手堅
20 樹木
21 連載
22 珍
23 粉飾
24 右翼

□ 25 **カイヒン**公園を散歩する。

□ 26 南極大陸で冬を**コ**す。

□ 27 文法上の**コオウ**の関係だ。

□ 28 **ゼヒ**一度おいでください。

□ 29 趣味で**ハタオリ**をする。

□ 30 政敵を**シッキャク**させた。

□ 31 **タキギノウ**のすばらしさに酔った。

□ 32 新聞の**トウショラン**を読む。

□ 33 課内では**ケム**たい存在だ。

□ 34 **オクソク**で責めてはいけない。

□ 35 すべての賞を**ドクセン**した。

□ 36 すばらしい演技に**ハクシュ**する。

□ 37 **シゲ**みの中で虫を捕まえる。

□ 38 **シッピツ**活動に専念する。

□ 39 **スジョウ**をかくす。

□ 40 壁を通して**リンシツ**の音がもれる。

□ 41 船が港に**テイハク**する。

□ 42 **レッカ**した部品を取り替える。

□ 43 **サケ**ぶように歌う。

□ 44 **アワ**い恋心を抱いた。

□ 45 心に**ヒビ**く美しい作品だ。

□ 46 もみじ**ガリ**に出かける。

□ 47 **センド**が落ちた魚を安く売る。

□ 48 男装の**レイジン**だ。

□ 49 **ヨウエキ**をビーカーに入れる。

□ 50 客席から**カンセイ**があがった。

□ 51 春の野に出て若菜を**ツ**む。

□ 52 何かが**ツ**まって水が流れない。

□ 53 葉っぱが水面に**ウ**いている。

□ 54 **シュウサイ**の誉れ高い人物だ。

□ 55 **ミョウアン**を思いつく。

□ 56 **アメツユ**をしのげる家があればいい。

25 海浜
26 越
27 呼応
28 是非
29 機織
30 失脚
31 薪能
32 投書欄
33 煙
34 憶測
35 独占
36 拍手
37 茂
38 執筆
39 素性
40 隣室

41 停泊
42 劣化
43 叫
44 淡
45 響
46 狩
47 鮮度
48 麗人
49 溶液
50 歓声
51 摘
52 詰
53 浮
54 秀才
55 妙案
56 雨露

頻出度 A

四字熟語 1

◆次の□に漢字を入れ、四字熟語を完成させよ。

□ 1 快□乱麻〔物事を手ぎわよく解決すること〕

□ 2 公□良俗〔社会を正すきまりと善良なならわし〕

□ 3 伸□自在〔伸ばしたりちぢんだりが思いのまま〕

□ 4 痛□無比〔非常に気持ちのよい様子〕

□ 5 和□折衷〔日本と西洋の様式を取り合わせること〕

□ 6 □実剛健〔飾りけがなく心身共にたくましいこと〕

□ 7 □目躍如〔世間の評価を上げ顔が立つこと〕

□ 8 一□打尽〔悪党などの全員を一度に捕らえること〕

□ 9 吉凶禍□〔運勢や縁起などの良し悪し〕

□ 10 試行錯□〔こころみと失敗の中で道を見出す〕

□ 11 千紫□紅〔色とりどりの花が咲くこと〕

□ 12 無為自□〔何もせずあるがままにまかせること〕

□ 13 □死回生〔危機的な状況から勢いを盛り返すこと〕

□ 14 □攻不落〔城などが堅固で征服しにくいこと〕

□ 15 外柔□剛〔外見は穏当でも意志は強いこと〕

□ 16 恒久□和〔不変に争いや戦いがない状態〕

□ 17 □慮分別〔深く考えて判断すること〕

□ 18 □夜兼行〔日夜休まず業務を行うこと〕

□ 19 □功行賞〔手柄の大小などにより賞を与えること〕

□ 20 □苦勉励〔非常に苦労して仕事や勉学に励むこと〕

□ 21 明鏡□水〔曇りなく澄みきった心境〕

□ 22 一□百戒〔一つ罪を懲らしめることで他への戒めとすること〕

□ 23 奇□天外〔思いも寄らぬほど奇抜なさま〕

□ 24 時□到来〔一番いいころあいが来たということ〕

解答

1 快刀乱麻《かいとうらんま》

2 公序良俗《こうじょりょうぞく》

3 伸縮自在《しんしゅくじざい》

4 痛快無比《つうかいむひ》

5 和洋折衷《わようせっちゅう》

6 質実剛健《しつじつごうけん》

7 面目《めんもく（めんぼく）》躍如《やくじょ》

8 一網打尽《いちもうだじん》

9 吉凶禍福《きっきょうかふく》

10 試行錯誤《しこうさくご》

11 千紫万紅《せんしばんこう》

12 無為自然《むいしぜん》

13 起死回生《きしかいせい》

14 難攻不落《なんこうふらく》

15 外柔内剛《がいじゅうないごう》

16 恒久平和《こうきゅうへいわ》

17 思慮分別《しりょふんべつ》

18 昼夜兼行《ちゅうやけんこう》

19 論功行賞《ろんこうこうしょう》

20 刻苦勉励《こっくべんれい》

21 明鏡止水《めいきょうしすい》

22 一罰百戒《いちばつひゃっかい》

23 奇想天外《きそうてんがい》

24 時機到来《じきとうらい》

25 因果応□〔善には善の悪には悪のむくいがあること〕
26 □国制覇〔競技などで優勝し日本一になること〕
27 片□隻句〔ちょっとした表現。わずかなことば〕
28 閑□休題〔それはさておき〕
29 同床□夢〔仲間でも意見や目的が違うこと〕
30 □俊豪傑〔肝っ玉のすわったすぐれた人物〕
31 堅忍不□〔我慢強く耐えていくこと〕
32 □状酌量〔諸事情をくんで刑罰を軽くすること〕
33 多岐□羊〔多くの方針があり選択に迷うこと〕
34 悠悠□適〔自分の心のままにのんびりと過ごすこと〕
35 □顔無恥〔図々しく恥知らずなさま〕
36 □励努力〔心をふるい立たせて努め励むこと〕
37 遺憾□万〔思い通りにいかず大変残念なこと〕
38 気宇□大〔心構えや発想が大きくて立派なこと〕
39 孤□無援〔独りぼっちで周囲の援助がない状態〕
40 生□与奪〔他のものを思い通りに支配すること〕

41 物情騒□〔世間が騒がしいこと〕
42 雲□霧消〔あとかたもなく消えてなくなること〕
43 新陳□謝〔新しいものが古いものと入れ替わること〕
44 栄枯□衰〔人や家が栄えたり衰えたりすること〕
45 金殿□楼〔非常に豪華な城や建物〕
46 □名披露〔芸名を継ぐことを公に発表すること〕
47 □隣友好〔隣国などと友好関係を持つこと〕
48 優□劣敗〔強者が栄え弱者が滅びること〕
49 旧□依然〔昔のままで少しも進歩しないこと〕
50 □飾決算〔実状より経営内容をよく見せる不正行為〕
51 暗□低迷〔前途不安な状態が続くさま〕
52 夏炉□扇〔役に立たないことのたとえ〕
53 □舞激励〔大いにはげまし気をふるい立たすこと〕
54 □謀遠慮〔先々のことまで考えたはかりごと〕
55 白髪□顔〔老人の血色のよい顔の形容〕
56 □小棒大〔物事を大げさに表現すること〕

25 因果応報《いんがおうほう》
26 全国制覇《ぜんこくせいは》
27 片言隻句《へんげんせきく》
28 閑話休題《かんわきゅうだい》
29 同床異夢《どうしょういむ》
30 英俊豪傑《えいしゅんごうけつ》
31 堅忍不抜《けんにんふばつ》
32 情状酌量《じょうじょうしゃくりょう》
33 多岐亡羊《たきぼうよう》
34 悠悠《ゆうゆう》(々)自適《じてき》
35 厚顔無恥《こうがんむち》
36 奮励努力《ふんれいどりょく》
37 遺憾千万《いかんせんばん》
38 気宇壮大《きうそうだい》
39 孤立無援《こりつむえん》
40 生殺与奪《せいさつよだつ》

41 物情騒然《ぶつじょうそうぜん》
42 雲散霧消《うんさんむしょう》
43 新陳代謝《しんちんたいしゃ》
44 栄枯盛衰《えいこせいすい》
45 金殿玉楼《きんでんぎょくろう》
46 襲名披露《しゅうめいひろう》
47 善隣友好《ぜんりんゆうこう》
48 優勝劣敗《ゆうしょうれっぱい》
49 旧態依然《きゅうたいいぜん》
50 粉飾決算《ふんしょくけっさん》
51 暗雲低迷《あんうんていめい》
52 夏炉冬扇《かろとうせん》
53 鼓舞激励《こぶげきれい》
54 深謀遠慮《しんぼうえんりょ》
55 白髪童顔《はくはつどうがん》
56 針小棒大《しんしょうぼうだい》

四字熟語 ②

◆次の□に漢字を入れ、四字熟語を完成させよ。

□ 1 隠忍自□ （苦しみなどをじっとこらえる様子）

□ 2 吉□禍福 （運勢や縁起などの良し悪し）

□ 3 才色兼□ （女性が才能と容姿に恵まれること）

□ 4 生殺□奪 （他のものを思い通りに支配すること）

□ 5 当意即□ （状況に応じ即座に機転をきかせること）

□ 6 和洋□衷 （日本と西洋の様式を取り合わせること）

□ 7 巧□令色 （言葉巧みに愛想よく人にへつらうこと）

□ 8 奮励□力 （気持ちを奮ってつとめ励むこと）

□ 9 □戦苦闘 （困難の中で必死に努力すること）

□ 10 快刀□麻 （物事を手ぎわよく解決すること）

□ 11 綱紀粛□ （国の規律を引き締め、不正を除くこと）

□ 12 情状酌□ （諸事情をくんで刑罰を軽くすること）

□ 13 千慮一□ （知者にもまれに失策があるということ）

□ 14 無□自然 （何もせずあるがままにまかせること）

□ 15 合□連衡 （利害に応じて団結したり離れたりすること）

□ 16 新陳代□ （新しいものが古いものと入れ替わること）

□ 17 英俊□傑 （肝っ玉のすわったすぐれた人物）

□ 18 狂喜乱□ （踊り上がるほど大喜びする様子）

□ 19 □行錯誤 （こころみと失敗の中で道を見出す）

□ 20 是非□直 （物事の善悪や正・不正）

□ 21 物情□然 （世間がさわがしいこと）

□ 22 □心伝心 （文字や言葉によらず心と心で通じ合うこと）

□ 23 質実剛□ （飾りけがなく心身共にたくましいこと）

□ 24 無病□災 （病気をせず健康なこと）

解答

1 隠忍自重 いんにんじちょう
2 吉凶禍福 きっきょうかふく
3 才色兼備 さいしょくけんび
4 生殺与奪 せいさつよだつ
5 当意即妙 とういそくみょう
6 和洋折衷 わようせっちゅう
7 巧言令色 こうげんれいしょく
8 奮励努力 ふんれいどりょく
9 悪戦苦闘 あくせんくとう
10 快刀乱麻 かいとうらんま
11 綱紀粛正 こうきしゅくせい
12 情状酌量 じょうじょうしゃくりょう
13 千慮一失 せんりょいっしつ
14 無為自然 むいしぜん
15 合従連衡 がっしょうれんこう
16 新陳代謝 しんちんたいしゃ
17 英俊豪傑 えいしゅんごうけつ
18 狂喜乱舞 きょうきらんぶ
19 試行錯誤 しこうさくご
20 是非曲直 ぜひきょくちょく
21 物情騒然 ぶつじょうそうぜん
22 以心伝心 いしんでんしん
23 質実剛健 しつじつごうけん
24 無病息災 むびょうそくさい

□ 25 遺憾千□〔思い通りにいかず大変残念なこと〕
□ 26 歌舞音□〔楽器に合わせて歌い踊る様子〕
□ 27 公序良□〔社会を正すきまりと善良ならわし〕
□ 28 □離滅裂〔言動などに統一性がない様子〕
□ 29 多岐亡□〔多くの方針があり選択に迷うこと〕
□ 30 □目躍如〔名誉や評価にふさわしい活躍をすること〕
□ 31 起死□生〔危機的な状況から勢いを盛り返すこと〕
□ 32 天□無縫〔飾りけがなく自然なさま〕
□ 33 □厚篤実〔性格が穏やかで誠実なこと〕
□ 34 □忍不抜〔我慢強く耐えていくこと〕
□ 35 □由奔放〔自分の思うままに行動する様子〕
□ 36 千□万紅〔色とりどりの花が咲くこと〕
□ 37 弊□破帽〔汚らしい格好をしていること〕
□ 38 雲散□消〔あとかたもなく消えてなくなること〕
□ 39 □葉末節〔本質からはずれたささいなこと〕
□ 40 容姿端□〔顔立ちや体つきが整って美しいこと〕

□ 41 一□発起〔やり遂げたり改めることを決意すること〕
□ 42 気□壮大〔心構えや発想が大きくて立派なこと〕
□ 43 孤軍□闘〔他人の助けは借りず一人で頑張ること〕
□ 44 伸縮自□〔伸ばしたり縮んだりが思いのまま〕
□ 45 時機□来〔一番いいころあいが来たということ〕
□ 46 悠悠自□〔自分の心のままにのんびりと過ごすこと〕
□ 47 □制緩和〔産業や経済に関する制限を緩めること〕
□ 48 難□不落〔城などが堅固で征服しにくいこと〕
□ 49 一網打□〔悪党などの全員を一度に捕らえること〕
□ 50 危□一髪〔危険とすれすれの状態〕
□ 51 孤立□援〔独りぼっちで周囲の援助がない状態〕
□ 52 心頭滅□〔心の中の雑念を取り去ること〕
□ 53 痛快無□〔非常に気持ちのよい様子〕
□ 54 離合集□〔協力したり反目したりすること〕
□ 55 □顔無恥〔図々しく恥知らずなさま〕
□ 56 夫□婦随〔夫が言い出したことに妻が従うこと〕

25 遺憾千万《いかんせんばん》
26 歌舞音曲《かぶおんきょく》
27 公序良俗《こうじょりょうぞく》
28 支離滅裂《しりめつれつ》
29 多岐亡羊《たきぼうよう》
30 面目《めんもく（めんぼく）》躍如《やくじょ》
31 起死回生《きしかいせい》
32 天衣無縫《てんいむほう》
33 温厚篤実《おんこうとくじつ》
34 堅忍不抜《けんにんふばつ》
35 自由奔放《じゆうほんぽう》
36 千紫万紅《せんしばんこう》
37 弊衣破帽《へいいはぼう》
38 雲散霧消《うんさんむしょう》
39 枝葉末節《しようまっせつ》
40 容姿端麗《ようしたんれい》

41 一念発起《いちねんほっき》
42 気宇壮大《きうそうだい》
43 孤軍奮闘《こぐんふんとう》
44 伸縮自在《しんしゅくじざい》
45 時機到来《じきとうらい》
46 悠悠《ゆうゆう》(々)自適《じてき》
47 規制緩和《きせいかんわ》
48 難攻不落《なんこうふらく》
49 一網打尽《いちもうだじん》
50 危機一髪《ききいっぱつ》
51 孤立無援《こりつむえん》
52 心頭滅却《しんとうめっきゃく》
53 痛快無比《つうかいむひ》
54 離合集散《りごうしゅうさん》
55 厚顔無恥《こうがんむち》
56 夫唱婦随《ふしょうふずい》

頻出度 A

四字熟語 3

◆次の□に漢字を入れ、四字熟語を完成させよ。

□ 1 □息吐息〔非常に困ったり苦しんだりする状態〕

□ 2 活殺自□〔他人を自分の思いのままに扱うこと〕

□ 3 広大□辺〔広々として果てしないこと〕

□ 4 □出鬼没〔すばやく現れたり消えたりすること〕

□ 5 □下御免〔世の中に認められ許されていること〕

□ 6 悪口雑□〔散々に人をののしること、その言葉〕

□ 7 □人環視〔大勢に見られていること〕

□ 8 威□堂堂〔重々しく威厳に満ちている様子〕

□ 9 □怒哀楽〔人間の様々な基本的感情〕

□ 10 志□堅固〔主義などを固く守って変えないこと〕

□ 11 □相浅薄〔物の見方が浅く深みがないこと〕

□ 12 無味乾□〔味わいやおもしろみに欠けること〕

□ 13 疑心暗□〔疑いのあまりなんでも不安に思うこと〕

□ 14 美□麗句〔うわべを飾り立てた内容のない言葉〕

□ 15 暗雲低□〔前途不安な状態が続くさま〕

□ 16 夏炉冬□〔役に立たないことのたとえ〕

□ 17 鼓□激励〔大いにはげまし気をふるい立たすこと〕

□ 18 深謀遠□〔先々のことまで考えたはかりごと〕

□ 19 白□童顔〔老人の血色のよい顔の形容〕

□ 20 因果□報〔善には善の悪には悪の報いがあること〕

□ 21 針小□大〔物事を大げさに表現すること〕

□ 22 栄□盛衰〔人や家が栄えたり衰えたりすること〕

□ 23 金□玉楼〔非常に豪華な城や建物〕

□ 24 襲名披□〔芸名を継ぐことを公に発表すること〕

解答

1 青息吐息《あおいきといき》

2 活殺自在《かっさつじざい》

3 広大無辺《こうだいむへん》

4 神出鬼没《しんしゅつきぼつ》

5 天下御免《てんかごめん》

6 悪口雑言《あっこうぞうごん》

7 衆人環視《しゅうじんかんし》

8 威風堂堂(々)《いふうどうどう》

9 喜怒哀楽《きどあいらく》

10 志操堅固《しそうけんご》

11 皮相浅薄《ひそうせんぱく》

12 無味乾燥《むみかんそう》

13 疑心暗鬼《ぎしんあんき》

14 美辞麗句《びじれいく》

15 暗雲低迷《あんうんていめい》

16 夏炉冬扇《かろとうせん》

17 鼓舞激励《こぶげきれい》

18 深謀遠慮《しんぼうえんりょ》

19 白髪童顔《はくはつどうがん》

20 因果応報《いんがおうほう》

21 針小棒大《しんしょうぼうだい》

22 栄枯盛衰《えいこせいすい》

23 金殿玉楼《きんでんぎょくろう》

24 襲名披露《しゅうめいひろう》

25 善□友好〔隣国などと友好関係を持つこと〕

26 優勝□敗〔強者が栄え弱者が滅びること〕

27 旧態□然〔昔のままで少しも進歩しないこと〕

28 巧言令□〔言葉巧みに愛想よく人にへつらうこと〕

29 □端邪説〔正統からはずれた見方や立場のこと〕

30 □怪千万〔理解できない非常に不思議なこと〕

31 五□霧中〔物事の手がかりをつかめず困惑すること〕

32 □廉潔白〔心や行いがきれいで正しいこと〕

33 □和雷同〔他人の言動に軽々しく同調すること〕

34 永□供養〔長い年月仏や死者の霊に物を供えること〕

35 泰然自□〔落ち着きはらって物事に動じない様子〕

36 円□滑脱〔物事をそつなくとりしきる様子〕

37 □謀術数〔人を欺くための様々な計略〕

38 □力更生〔独力で誤りを改め直すこと〕

39 多□多忙〔しごとが多く非常にいそがしいこと〕

40 落花□水〔人や物が落ちぶれることのたとえ〕

41 好□到来〔うってつけのチャンスが訪れること〕

42 明□止水〔曇りなく澄みきった心境〕

43 一罰百□〔一つ罪を懲らしめることで他へのいましめとすること〕

44 □想天外〔思いも寄らぬほど変わったさま〕

45 知□兼備〔知恵や勇気を兼ね備えていること〕

46 全国□覇〔競技などで優勝し日本一になること〕

47 □言隻句〔ちょっとした表現。わずかなことば〕

48 閑話休□〔それはさておき〕

49 同□異夢〔仲間でも意見や目的が違うこと〕

50 外□内剛〔外見は穏当でも意志は強いこと〕

51 □久平和〔不変に争いや戦いがない状態〕

52 思□分別〔深く考えて判断すること〕

53 昼夜□行〔日夜休まず業務を行うこと〕

54 論□行賞〔手柄の大小などにより賞を与えること〕

55 □苦勉励〔非常に苦労して仕事や勉学に励むこと〕

56 容姿□麗〔顔立ちや体つきが整って美しいこと〕

25 善隣友好《ぜんりんゆうこう》
26 優勝劣敗《ゆうしょうれっぱい》
27 旧態依然《きゅうたいいぜん》
28 巧言令色《こうげんれいしょく》
29 異端邪説《いたんじゃせつ》
30 奇怪千万《きかいせんばん》
31 五里霧中《ごりむちゅう》
32 清廉潔白《せいれんけっぱく》
33 付和雷同《ふわらいどう》
34 永代供養《えいたいくよう》
35 泰然自若《たいぜんじじゃく》
36 円転滑脱《えんてんかつだつ》
37 権謀術数《けんぼうじゅっすう》
38 自力更生《じりきこうせい》
39 多事多忙《たじたぼう》
40 落花流水《らっかりゅうすい》

41 好機到来《こうきとうらい》
42 明鏡止水《めいきょうしすい》
43 一罰百戒《いちばつひゃっかい》
44 奇想天外《きそうてんがい》
45 知勇兼備《ちゆうけんび》
46 全国制覇《ぜんこくせいは》
47 片言隻句《へんげんせきく》
48 閑話休題《かんわきゅうだい》
49 同床異夢《どうしょういむ》
50 外柔内剛《がいじゅうないごう》
51 恒久平和《こうきゅうへいわ》
52 思慮分別《しりょふんべつ》
53 昼夜兼行《ちゅうやけんこう》
54 論功行賞《ろんこうこうしょう》
55 刻苦勉励《こっくべんれい》
56 容姿端麗《ようしたんれい》

頻出度 A

四字熟語 ④

◆次の□に漢字を入れ、四字熟語を完成させよ。

□ 1 一念発□〔やり遂げたり改めることを決意すること〕
□ 2 危機一□〔危険とすれすれの状態〕
□ 3 才色□備〔女性が才能と容姿に恵まれること〕
□ 4 □非曲直〔物事の善悪や正・不正〕
□ 5 弊衣破□〔汚らしい格好をしていること〕
□ 6 合従□衡〔利害に応じて団結したり離れたりすること〕
□ 7 天衣□縫〔飾りけがなく自然なさま〕
□ 8 温□篤実〔性格が穏やかで誠実なこと〕
□ 9 綱□粛正〔国の規律を引き締め、不正を除くこと〕
□ 10 支□滅裂〔言動などに統一性がない様子〕
□ 11 知勇□備〔知恵や勇気をかね備えていること〕
□ 12 □合集散〔協力したり反目したりすること〕
□ 13 巧言□色〔言葉巧みに愛想よく人にへつらうこと〕
□ 14 面目□如〔世間の評価を上げ顔が立つこと〕
□ 15 異□邪説〔正統からはずれた見方や立場のこと〕
□ 16 □怪千万〔理解できない非常に不思議なこと〕
□ 17 五里□中〔物事の手がかりをつかめず困惑すること〕
□ 18 清廉□白〔心や行いがきれいで正しいこと〕
□ 19 付和□同〔他人の言動に軽々しく同調すること〕
□ 20 永代供□〔長い年月仏や死者の霊に物を供えること〕
□ 21 泰□自若〔落ち着きはらって物事に動じない様子〕
□ 22 円転滑□〔物事をそつなくとりしきる様子〕
□ 23 権謀□数〔人を欺くための様々な計略〕
□ 24 自力□生〔独力で誤りを改め直すこと〕

解答

1 一念発起《いちねんほっき》
2 危機一髪《ききいっぱつ》
3 才色兼備《さいしょくけんび》
4 是非曲直《ぜひきょくちょく》
5 弊衣破帽《へいいはぼう》
6 合従連衡《がっしょうれんこう》
7 天衣無縫《てんいむほう》
8 温厚篤実《おんこうとくじつ》
9 綱紀粛正《こうきしゅくせい》
10 支離滅裂《しりめつれつ》
11 知勇兼備《ちゆうけんび》
12 離合集散《りごうしゅうさん》
13 巧言令色《こうげんれいしょく》
14 面目躍如《めんもくやくじょ（めんぼく）》
15 異端邪説《いたんじゃせつ》
16 奇怪千万《きかいせんばん》
17 五里霧中《ごりむちゅう》
18 清廉潔白《せいれんけっぱく》
19 付和雷同《ふわらいどう》
20 永代供養《えいたいくよう》
21 泰然自若《たいぜんじじゃく》
22 円転滑脱《えんてんかつだつ》
23 権謀術数《けんぼうじゅっすう》
24 自力更生《じりきこうせい》

□ 25 多事多□〔仕事が多く非常にいそがしいこと〕
□ 26 □花流水〔人や物が落ちぶれることのたとえ〕
□ 27 好機□来〔うってつけの機会が訪れること〕
□ 28 無病息□〔病気をせず健康なこと〕
□ 29 悪戦苦□〔困難の中で必死に努力すること〕
□ 30 歌□音曲〔楽器に合わせて歌い踊る様子〕
□ 31 孤軍奮□〔他人の助けは借りず一人で頑張ること〕
□ 32 心頭滅□〔心の中の雑念を取り去ること〕
□ 33 当意□妙〔状況に応じ即座に機転をきかせること〕
□ 34 以心□心〔文字や言葉によらず心と心で通じ合うこと〕
□ 35 枝葉末□〔本質からはずれたささいなこと〕
□ 36 □忍自重〔苦しみなどをじっとこらえる様子〕
□ 37 □喜乱舞〔踊り上がるほど大喜びする様子〕
□ 38 自由奔□〔自分の思うままに行動する様子〕
□ 39 千□一失〔知者にもまれに失策があるということ〕
□ 40 粉□決算〔実状より経営内容をよく見せる不正行為〕

□ 41 □制緩和〔産業や経済に関する制限を緩めること〕
□ 42 夫唱□随〔夫が言い出したことに妻が従うこと〕
□ 43 青息□息〔非常に困ったり苦しんだりする状態〕
□ 44 活□自在〔他人を自分の思いのままに扱うこと〕
□ 45 広大無□〔広々として果てしないこと〕
□ 46 神出□没〔すばやく現れたり消えたりすること〕
□ 47 天下□免〔世の中に認められ許されていること〕
□ 48 悪口□言〔散々に人をののしること、その言葉〕
□ 49 衆人□視〔大勢に見られていること〕
□ 50 □風堂堂〔重々しく堂々として立派な様子〕
□ 51 喜□哀楽〔人間の様々な基本的感情〕
□ 52 志操□固〔主義などを固く守って変えないこと〕
□ 53 皮相浅□〔物の見方が浅く深みがないこと〕
□ 54 無味□燥〔味わいやおもしろみに欠けること〕
□ 55 疑心暗□〔疑いのあまりなんでも不安に思うこと〕
□ 56 美辞□句〔うわべを飾り立てた内容のない言葉〕

25 多事多忙《たじたぼう》
26 落花流水《らっかりゅうすい》
27 好機到来《こうきとうらい》
28 無病息災《むびょうそくさい》
29 悪戦苦闘《あくせんくとう》
30 歌舞音曲《かぶおんきょく》
31 孤軍奮闘《こぐんふんとう》
32 心頭滅却《しんとうめっきゃく》
33 当意即妙《とういそくみょう》
34 以心伝心《いしんでんしん》
35 枝葉末節《しようまっせつ》
36 隠忍自重《いんにんじちょう》
37 狂喜乱舞《きょうきらんぶ》
38 自由奔放《じゆうほんぽう》
39 千慮一失《せんりょのいっしつ》
40 粉飾決算《ふんしょくけっさん》

41 規制緩和《きせいかんわ》
42 夫唱婦随《ふしょうふずい》
43 青息吐息《あおいきといき》
44 活殺自在《かっさつじざい》
45 広大無辺《こうだいむへん》
46 神出鬼没《しんしゅつきぼつ》
47 天下御免《てんかごめん》
48 悪口雑言《あっこうぞうごん》
49 衆人環視《しゅうじんかんし》
50 威風堂堂（々）《いふうどうどう》
51 喜怒哀楽《きどあいらく》
52 志操堅固《しそうけんご》
53 皮相浅薄《ひそうせんぱく》
54 無味乾燥《むみかんそう》
55 疑心暗鬼《ぎしんあんき》
56 美辞麗句《びじれいく》

頻出度 A

送りがな ❶

◆次の――線のカタカナを漢字と送りがな（ひらがな）に直せ。

□ 1 不況で業績が**フルワ**ナイ。

□ 2 燃え**サカル**炎に向けて放水する。

□ 3 冬の間は雪に**トザサ**れる。

□ 4 秋の空にいわし雲が**ウカブ**。

□ 5 銀行強盗を取り**ニガシ**てしまった。

□ 6 不景気で損害を**コウムル**。

□ 7 池の中でコイが勢いよく**ハネル**。

□ 8 しかられてふて**クサレル**。

□ 9 記念館設立に力を**ツクス**。

□ 10 野菜をゆっくりと煮**フクメル**。

□ 11 逃げた小鳥を**ツカマエル**。

□ 12 情報が**オヨボス**影響を考えた。

□ 13 咲き**ソメル**花々が野に色をそえる。

□ 14 心の**マズシイ**人だと哀れんだ。

□ 15 **アザヤカナ**手さばきだ。

□ 16 歴史を**フマエ**て友好関係を築く。

□ 17 馬の手綱を**ユワエル**。

□ 18 演説で政治改革を**トナエル**。

□ 19 ころんで靴が**ヌゲル**。

□ 20 家族五人分の食料を**タクワエル**。

□ 21 計算に間違いがないか**タシカメル**。

□ 22 むだなお金を**ツイヤシ**た。

□ 23 穴に**カクレ**たうさぎをおびき出す。

□ 24 子猫のしぐさに皆の顔が**ナゴン**だ。

解答

1 振るわ
2 盛る
3 閉ざさ
4 浮かぶ
5 逃がし
6 被る
7 跳ねる
8 腐れる
9 尽くす
10 含める
11 捕まえる
12 及ぼす
13 初める
14 貧しい
15 鮮やかな
16 踏まえ
17 結わえる
18 唱える
19 脱げる
20 蓄える
21 確かめる
22 費やし
23 隠れ
24 和ん

□ 25 働くために学校を**ヤメル**。

□ 26 あやまちを認め素直に**アヤマル**。

□ 27 災害時のために非常食を**ソナエル**。

□ 28 議論は夜が**フケル**まで続いた。

□ 29 辛うじて事故を**サケル**ことができた。

□ 30 友人より腕力が**オトッ**ている。

□ 31 たばこで部屋の中が**ケムイ**。

□ 32 洗濯物を**カワカシ**た。

□ 33 犯人ではないかと**ウタガウ**。

□ 34 会社から退職を**ススメラ**れた。

□ 35 お祝いの杯を**カタムケル**。

□ 36 失敗しても**ココロミル**価値がある。

□ 37 渡り鳥はいくつもの国境を**コエル**。

□ 38 **カガヤカシイ**伝統を受け継ぐ。

□ 39 男同士の約束を**ハタス**。

□ 40 校則に**モトヅイ**て処罰を受ける。

□ 41 息子は**タノモシイ**男に成長した。

□ 42 **スクナク**とも一年はかかる事業だ。

□ 43 人々の優しさに**フレル**。

□ 44 子供がおもちゃを**コワシ**てしまった。

□ 45 今年の夏は**オソロシク**暑い。

□ 46 ボールが大きく**ハズン**だ。

□ 47 見事な演奏に**オドロイ**た。

□ 48 私腹を**コヤス**悪人を懲らしめる。

□ 49 仕事はすべてお**マカセ**します。

□ 50 就職難に**ナヤマサ**れている。

□ 51 風呂を**アタタメ**直して入浴した。

□ 52 台風で川の水が**ニゴル**。

□ 53 母の肩に手を**ソエル**。

□ 54 冬になると肌が**アレル**。

□ 55 豪華客船で世界を**メグル**。

□ 56 神仏に**イノリ**をささげる。

25 辞める
26 謝る
27 備える
28 更ける
29 避ける
30 劣っ
31 煙い
32 乾かし
33 疑う
34 勧めら
35 傾ける
36 試みる
37 越える
38 輝かしい
39 果たす
40 基づい
41 頼もしい
42 少なく
43 触れる
44 壊し
45 恐ろしく
46 弾ん
47 驚い
48 肥やす
49 任せ
50 悩まさ
51 温め
52 濁る
53 添える
54 荒れる
55 巡る
56 祈り

頻出度 A

送りがな ②

◆次の――線のカタカナを漢字と送りがな（ひらがな）に直せ。

□ 1 今日は波がとても**アライ**。
□ 2 車で北海道を**メグル**旅に出る。
□ 3 最近は**ナゲカワシイ**事件が多い。
□ 4 医者は病状を**クワシク**説明した。
□ 5 **ウラナイ**が流行している。
□ 6 パソコンの**アツカイ**方を習得したい。
□ 7 星は宝石のように**カガヤイ**ている。
□ 8 得点差を**チヂメル**ように努力する。
□ 9 英語の実力を**タメス**いい機会だ。
□ 10 お湯で三倍に**ウスメル**とよい。
□ 11 勉強する時間が**ホシイ**。
□ 12 新春を**ムカエル**。
□ 13 娘に買い物を**タノム**。
□ 14 商談が熱気を**オビル**。
□ 15 生まれて初めてカイコに**サワル**。
□ 16 部屋いっぱいに花を**カザル**。
□ 17 新入社員に受付を**マカセル**。
□ 18 彼女は心を**トザシ**てしまった。
□ 19 主人の命令に**シタガウ**。
□ 20 秋晴れの空に気持ちも**ハズン**だ。
□ 21 戦争はいつ**ハテル**ともしれない。
□ 22 礼儀の大切さを子供に言い**フクメル**。
□ 23 駐在所で道を**タズネル**。
□ 24 同級生の顔を思い**ウカベル**。

解答

1 荒い
2 巡る
3 嘆かわしい
4 詳しく
5 占い
6 扱い
7 輝い
8 縮める
9 試す
10 薄める
11 欲しい
12 迎える
13 頼む
14 帯びる
15 触る
16 飾る
17 任せる
18 閉ざし
19 従う
20 弾ん
21 果てる
22 含める
23 尋ねる
24 浮かべる

□ 25 新聞に会社の広告を**ノセル**。
□ 26 **イソガシイ**毎日を送る。
□ 27 ゴミ問題の解決は**ムズカシイ**。
□ 28 手に汗**ニギル**試合を観戦した。
□ 29 彼は天才との**ホマレ**が高かった。
□ 30 キャンプ生活は**トウトイ**体験だった。
□ 31 山々が朝焼けに**ハエル**。
□ 32 谷川の冷たい水に足を**ヒタス**。
□ 33 手紙に一輪のバラを**ソエル**。
□ 34 優勝校を**タオス**ことが目標だ。
□ 35 台風で水害を**コウム**ッた。
□ 36 戦前は天皇を神と**アオイ**だ。
□ 37 憲法に**モトヅイ**て核は持たない。
□ 38 不養生から健康を**ソコネル**。
□ 39 納期が遅れて顧客に**アヤマッ**た。
□ 40 突然の地震に**オドロカサ**れた。
□ 41 土を**コヤシ**て野菜を作る。
□ 42 夏は蚊の大群に**ナヤマサ**れる。
□ 43 **スカシ**窓から外を見る。
□ 44 友人はあいまいに言葉を**ニゴシ**た。
□ 45 大気の**ヨゴレ**が問題になっている。
□ 46 初恋の人を胸に**ヒメル**。
□ 47 将来への不安を**イダク**。
□ 48 凶悪な犯罪に**オソレ**を感じる。
□ 49 **オカシ**た罪は償うべきだ。
□ 50 **アマヤカサ**れて育った。
□ 51 地震で住宅が**コワレ**てしまった。
□ 52 彼の熱意に心が**カタムク**。
□ 53 **イノル**ことで心の平安を得る。
□ 54 指名手配の犯人が警察に**ツカマル**。
□ 55 ボールを避けようと身を**ソラシ**た。
□ 56 各社が新製品の開発を**キソイ**合う。

25 載せる
26 忙しい
27 難しい
28 握る
29 誉れ
30 貴い
31 映える
32 浸す
33 添える
34 倒す
35 被っ
36 仰い
37 基づい
38 損ねる
39 謝っ
40 驚かさ

41 肥やし
42 悩まさ
43 透かし
44 濁し
45 汚れ
46 秘める
47 抱く
48 恐れ
49 犯し
50 甘やかさ
51 壊れ
52 傾く
53 祈る
54 捕まる
55 反らし
56 競い

頻出度 A

送りがな ③

◆次の――線のカタカナを漢字と送りがな（ひらがな）に直せ。

□ 1 冷蔵庫の食物を**クサラス**。

□ 2 戦争体験を**フマエ**て発言した。

□ 3 仏壇の前でお経を**トナエル**。

□ 4 色**アザヤカナ**夕焼けだ。

□ 5 洪水で床下まで水に**ヒタル**。

□ 6 お互いに手を**ニギリ**合った。

□ 7 **アタタカイ**お茶が飲みたい。

□ 8 振りかかった突然の不幸を**ナゲク**。

□ 9 草むらのスズムシの声に耳を**スマス**。

□ 10 資産家が駅前の土地を買い**シメル**。

□ 11 子猫を腕に**カカエル**。

□ 12 湖面に花火が**ウツル**。

□ 13 野生動物との共存は**ムズカシイ**。

□ 14 とても**アマイ**すいかだった。

□ 15 来客を**ムカエ**祝宴を催す。

□ 16 恥ずかしさに身が**チヂム**思いがした。

□ 17 雷に打たれて老木が**タオレル**。

□ 18 父の病状を医者に**タズネル**。

□ 19 家族を**シタガエ**て移住する。

□ 20 荷台にたくさんの箱を**ノセル**。

□ 21 彼女は**カザラ**ない人柄だ。

□ 22 もう一杯水が**ホシイ**。

□ 23 アシは**キタナイ**水を浄化する。

□ 24 肩の痛みが**ウスライ**だ。

解答

1 腐らす
2 踏まえ
3 唱える
4 鮮やかな
5 浸る
6 握り
7 温かい
8 嘆く
9 澄ます
10 占める
11 抱える
12 映る
13 難しい
14 甘い
15 迎え
16 縮む
17 倒れる
18 尋ねる
19 従え
20 載せる
21 飾ら
22 欲しい
23 汚い
24 薄らい

□ 25 相手の用件を**タシカメル**。
□ 26 ご要望は**ウケタマワリ**ました。
□ 27 水面を**スカシ**て魚が見える。
□ 28 クラス対抗リレーで**キソイ**あった。
□ 29 殿の**オオセ**の通りにいたします。
□ 30 父は政治にとても**クワシイ**。
□ 31 目覚まし時計の音に**オコサ**れた。
□ 32 荷物は丁寧に**アツカウ**。
□ 33 ぬれた服を**カワカス**。
□ 34 型は古いが性能は**オトッ**ていない。
□ 35 八ヶ岳が朝もやに**ケムッ**ている。
□ 36 事件の証拠を**カクシ**た。
□ 37 **ナゴヤカナ**雰囲気に包まれた。
□ 38 独立するために会社を**ヤメル**。
□ 39 彼の態度にほとほと愛想が**ツキル**。
□ 40 開店セールはとても**サカッ**ていた。
□ 41 園芸用の土を**フルウ**。
□ 42 山荘にこもって暑さを**サケル**。
□ 43 真実かどうか**ウタガワシイ**。
□ 44 剣道部への入部を**ススメル**。
□ 45 校長にまで責任が**オヨブ**。
□ 46 今年**ハジメ**ての雪が降る。
□ 47 戦後の日本は**マズシカッ**た。
□ 48 戦火を**ノガレ**て脱出した。
□ 49 すべての才能が**ソナワッ**ている。
□ 50 一人で服が**ヌゲル**ようになった。
□ 51 毎日の運動で体力を**タクワエル**。
□ 52 法を**オカシ**てはならない。
□ 53 能力を内に**ヒメル**。
□ 54 **イソガシイ**仕事も終わった。
□ 55 釣り糸を**ムスブ**。
□ 56 犬はうれしそうに飛び**ハネル**。

25 確かめる
26 承り
27 透かし
28 競い
29 仰せ
30 詳しい
31 起こさ
32 扱う
33 乾かす
34 劣っ
35 煙っ
36 隠し
37 和やかな
38 辞める
39 尽きる
40 盛っ
41 振るう
42 避ける
43 疑わしい
44 勧める
45 及ぶ
46 初め
47 貧しかっ
48 逃れ
49 備わっ
50 脱げる
51 蓄える
52 犯し
53 秘める
54 忙しい
55 結ぶ
56 跳ねる

頻出度 A

誤字訂正 1

◆次の文中にまちがって使われている同じ音訓の漢字が一字ある。正しい漢字を記せ。

□ 1 市政のため企業誘置計画を推進する。

□ 2 駅伝で保欠選手が区間新記録を出した。

□ 3 応年の銀幕スターが一堂に会する。

□ 4 献身的な看病で容態が介方に向かう。

□ 5 角膜の医植手術で視力を回復する。

□ 6 地震に供えて医薬品や食糧を用意する。

□ 7 飢餓に苦しむ途上国に向け喜付金を送る。

□ 8 現役指揮者の最高宝と称賛を受ける。

□ 9 有無を言わさぬ凶迫的な態度に閉口する。

□ 10 退院後も摂整し体力の向上に努めた。

□ 11 戦後育ちの若者に迷裁服が流行する。

□ 12 駆けつけた母の望みも虚しく息耐えた。

□ 13 上奏部の意向で事件の主席担当になる。

□ 14 終戦の焼け後から復興して繁栄した。

□ 15 医学の発達は長寿社会を支える用因だ。

□ 16 国家予算に締める防衛費の割合を知る。

□ 17 容疑を立証できず事件は命宮入りだ。

□ 18 景気の停迷に打開策が求められる。

□ 19 狂信的な個人崇拝の悪夢から冷める。

□ 20 あだ打ちは法律で厳重に禁止している。

□ 21 新しい知事が都政の改核に着手した。

□ 22 会社発展に必要不可決な企画案を出す。

□ 23 病と貧困にあえぐ人々を救裁する。

□ 24 企業と新聞社の協催で美術展を開く。

解答

1	2	3	4	5	6	7	8	9	10	11	12
置→致	保→補	応→往	介→快	医→移	供→備	喜→寄	宝→峰	凶→強	整→生	裁→彩	耐→絶

13	14	15	16	17	18	19	20	21	22	23	24
奏→層	後→跡	用→要	締→占	命→迷	停→低	冷→覚	打→討	核→革	決→欠	裁→済	協→共

□ 25 彼は財産を匿名で提供した奇篤な人だ。

□ 26 中東情勢悪化で石油の確捕を危ぶむ。

□ 27 書斎を背型にした自画像を描いた。

□ 28 深海底でも生物の存在が版明している。

□ 29 思想家の老子は道教の総始者だ。

□ 30 監督の代打策が功を相し大勝した。

□ 31 不忠意で問題文を読み間違える。

□ 32 色測是空は仏道の基本的な教義だ。

□ 33 景気富揚のために政府が策を講じる。

□ 34 指導要領に添った授業案を作成する。

□ 35 雨後に雲が切れて薄日が挿してきた。

□ 36 資格を手得して家業を継ぐ決意をした。

□ 37 契約公改で経営陣から年俸が示される。

□ 38 著名な俳優の嫡子としての恩啓を得る。

□ 39 見事な色使いで新作は偉彩を放った。

□ 40 耐久消費財の国内布及率を調査する。

□ 41 宮中で新閣僚の任証式が行われる。

□ 42 被災地の復朽作業は順調に進んだ。

□ 43 取締役が渋面で出所進退を表明した。

□ 44 十数社が膨大な腐債で窮状を訴えた。

□ 45 大学選手権の準決勝で苦敗を喫した。

□ 46 殺到する問い合わせの応態に追われた。

□ 47 地域の順回図書館を楽しみに待つ。

□ 48 故障から復帰し優勝の快拠を達成した。

□ 49 従兄弟は歴史に関する知識が解無だ。

□ 50 試合に備えて交誤に攻守の練習をする。

□ 51 著名な画伯に司事し芸術を学ぶ。

□ 52 芸能人による海外担訪番組が評判だ。

□ 53 木々が芽吹き始めた森を参策した。

□ 54 夕映えに足を止め暫時感賞に浸った。

□ 55 無至の精神で身寄りのない人を助ける。

□ 56 上京して物腰も身なりも選練される。

25 篤→特	41 任→認
26 捕→保	42 朽→旧
27 型→景	43 所→処
28 版→判	44 腐→負
29 総→創	45 敗→杯
30 相→奏	46 態→対
31 忠→注	47 順→巡
32 測→即	48 拠→挙
33 富→浮	49 解→皆
34 添→沿	50 誤→互
35 挿→差	51 司→師
36 手→取	52 担→探
37 公→更	53 参→散
38 啓→恵	54 賞→傷
39 偉→異	55 至→私
40 布→普	56 選→洗

頻出度 A

誤字訂正 2

◆次の文中にまちがって使われている同じ音訓の漢字が一字ある。正しい漢字を記せ。

□ 1 郊外の居住区域には高装物件が建つ。

□ 2 社会生活に不可欠な道徳の基範を学ぶ。

□ 3 需給の調整は景気富揚対策の一環だ。

□ 4 樹脂塗装した家具は待久性に優れる。

□ 5 百貨店が顧客獲得対作に苦慮している。

□ 6 普通免許の手得以来無違反が自慢だ。

□ 7 重工業の斜陽で鉄の町は様替わりした。

□ 8 外国製の偏頭痛の特効薬を所方する。

□ 9 田が黄金色に波打てば集穫は間近い。

□ 10 挙式や新婚旅行の費用は両家で切半だ。

□ 11 渡航した叔父からは耐えて連絡がない。

□ 12 常直の舎管の目を避けて門限を破る。

□ 13 旅立ちの前夜は興噴して寝つけない。

□ 14 青年期特有の掘折した心情を表現する。

□ 15 憲法の改正問題は深重に論議しよう。

□ 16 放し飼いの犬のノミ駆徐は困難だ。

□ 17 百貨店の生洗食料品売場は地階です。

□ 18 繁忙な時間を裂いて後輩を指導する。

□ 19 記憶を支配する脳の心経回路を調べる。

□ 20 仲人の新郎紹介は美事麗句に満ちていた。

□ 21 爆発的人気の新製品の出貨が遅れた。

□ 22 宇宙船の燃料保給の準備は万端だ。

□ 23 登頂隊は棄薄な大気に順応できた。

□ 24 被告の黙否権の行使で審理が停滞した。

解答

1 装→層
2 基→規
3 富→浮
4 待→耐
5 作→策
6 手→取
7 替→変
8 所→処
9 集→収
10 切→折
11 耐→絶
12 管→監
13 噴→奮
14 掘→屈
15 深→慎
16 徐→除
17 洗→鮮
18 裂→割
19 心→神
20 事→辞
21 貨→荷
22 保→補
23 棄→希
24 否→秘

□ 25 巧績が評価され世界的な賞を受けた。
□ 26 欧州の素粒子加速壮置で共同実験する。
□ 27 携帯電話の布及率が爆発的に伸びる。
□ 28 昨今の相場の推依は当局を困惑させた。
□ 29 外交辞礼と思い、お愛想は聞き流す。
□ 30 政策への被判の矛先を上手にかわす。
□ 31 少部数の同人誌に自作の絵を乗せた。
□ 32 風向きに留意して農薬産布を行う。
□ 33 公園の紛水は訪れる人の憩いの場だ。
□ 34 梅雨期は負敗物に大腸菌が繁殖する。
□ 35 山中の巨樹を信仰の対称として祭る。
□ 36 会社業務では通証として旧姓を使う。
□ 37 植物学の大家に図鑑の監習を依頼した。
□ 38 定期循回で電気系統の故障を発見する。
□ 39 厳しい練習を詰んで代表に選ばれた。
□ 40 師事した先生から琴の引き方を習う。

□ 41 較命軍が首都制圧したとの報道が流れた。
□ 42 朝日が刺して障子に木の影が映った。
□ 43 多様な生物と人間との供存を望む。
□ 44 顧客との信来関係の構築が先決だ。
□ 45 人気の文学賞作家が随筆を寄講した。
□ 46 祖母は遺族年金の公付を受けている。
□ 47 源泉徴収票を展付した書類を提出する。
□ 48 上客を供応するために食材を限選した。
□ 49 自由研究課題は食品の色素丸有量だ。
□ 50 守備位置の突然の変更に逃惑した。
□ 51 僕は感招的で涙を誘われやすい性格だ。
□ 52 彼の演技力の程は押して知るべしだ。
□ 53 首相の失言に単を発した論議が起きる。
□ 54 家庭崩壊が少年犯罪の元因とも言える。
□ 55 大統領補佐官の質務時間は終了した。
□ 56 慈味ながら希少価値のある花が咲く。

25 巧→功
26 壮→装
27 布→普
28 依→移
29 礼→令
30 被→批
31 乗→載
32 産→散
33 紛→噴
34 負→腐
35 称→象
36 証→称
37 習→修
38 循→巡
39 詰→積
40 引→弾

41 較→革
42 刺→差
43 供→共
44 来→頼
45 講→稿
46 公→交
47 展→添
48 限→厳
49 丸→含
50 逃→当
51 招→傷
52 押→推
53 単→端
54 元→原
55 質→執
56 慈→地

頻出度 A

誤字訂正 ③

◆次の文中にまちがって使われている同じ音訓の漢字が一字ある。正しい漢字を記せ。

□ 1 補結選挙に出馬し過半数を得票した。

□ 2 恩師が郷土の母校に論文を寄講された。

□ 3 線路に添って水田地帯が連なっていた。

□ 4 連続優勝の大関が横綱に推拠された。

□ 5 何の辺哲もない箱に手品の種がある。

□ 6 多最な技を駆使して敵軍の攻撃をかわす。

□ 7 自然の恩啓に感謝し保護活動に努める。

□ 8 展加物を大量に含んだ食品は嫌いだ。

□ 9 採取した水に試薬を抽入して検査する。

□ 10 階既日食を見て研究室生らが興奮した。

□ 11 生洗食料品売場を常に清潔に保つ。

□ 12 恋人の愛情を独専したい欲求に駆られる。

□ 13 発展途上諸国を担訪して本を著す。

□ 14 段劾裁判は憲法に規定されている。

□ 15 違論を唱えて周囲に煙たがられる。

□ 16 私財を投じて新薬の開発に企与した。

□ 17 修行僧は回廊の掃事を日課にしている。

□ 18 新製品だが他機種との後換性はない。

□ 19 悪質な反則を犯した者は速刻退場だ。

□ 20 彼は容姿淡麗、学力優秀で人気者だ。

□ 21 地主の交代で寂れた村が復坑した。

□ 22 作者の思索の軌績が記された著書を読む。

□ 23 全国掘指の技術者に高度な知識を請う。

□ 24 賃貸契約の交新で大家を訪れる。

解答

1 結→欠
2 講→稿
3 添→沿
4 拠→挙
5 辺→変
6 最→彩
7 啓→恵
8 展→添
9 抽→注
10 階→皆
11 洗→鮮
12 専→占
13 担→探
14 段→弾
15 違→異
16 企→寄
17 事→除
18 後→互
19 速→即
20 淡→端
21 坑→興
22 績→跡
23 掘→屈
24 交→更

□ 25 林道の入口で車を止め周囲を散作した。
□ 26 突然の憤火で住民が校舎に避難した。
□ 27 不幸な負い立ちを包み隠さず語った。
□ 28 郷里の叔父が町会議員に初登選した。
□ 29 和歌の魅力は選練された表現にある。
□ 30 得殊な性転換の機能を備えた魚がいる。
□ 31 企業が軒並み浮債を抱えて倒産した。
□ 32 少子化の用因を追究する特集を組んだ。
□ 33 自社の総始者は独特の経営哲学を持つ。
□ 34 狩人は真冬の源寒期に猟に出た。
□ 35 故郷で霊宝富士を朝に夕に仰ぎ見る。
□ 36 海外で客光を浴びた最新の前衛芝居だ。
□ 37 知死量の薬物を服用した患者を助ける。
□ 38 遊興費を削れば赤字を出さずに澄む。
□ 39 敵の上陸に供え海岸に軍を集結する。
□ 40 挑戦者は倒され一敗血にまみれた。

□ 41 試験問題の傾向と大策を検討した。
□ 42 弱者を恐迫する行為は卑劣で邪道だ。
□ 43 伐採により原木の奇少性が高まる。
□ 44 交通事故の死傷者の数が班明した。
□ 45 選挙の投票率停迷に歯止めを掛ける。
□ 46 幼い弟妹の励ましに心が震い立った。
□ 47 各国技術者が研拾のため工場を訪れた。
□ 48 赤穂《あこう》浪士の打ち入りは映画でも有名だ。
□ 49 普段は真重な人が無謀な運転をした。
□ 50 名宮入りの未解決事件は依然と多い。
□ 51 講師に「論より証固」の意味を尋ねる。
□ 52 厳重注意が功を相し状況が改善する。
□ 53 有名棋士の数奇な運明を自叙伝で知る。
□ 54 県内有数の強豪と対戦し苦敗をなめた。
□ 55 ひざ詰め談判で一転し好感殖を得た。
□ 56 応年の大投手の登板で大歓声が揚がった。

25 作→策
26 憤→噴
27 負→生
28 登→当
29 選→洗
30 得→特
31 浮→負
32 用→要
33 総→創
34 源→厳
35 宝→峰
36 客→脚
37 知→致
38 澄→済
39 供→備
40 血→地

41 大→対
42 恐→強
43 奇→希
44 班→判
45 停→低
46 震→奮
47 拾→修
48 打→討
49 真→慎
50 名→迷
51 固→拠
52 相→奏
53 明→命
54 敗→杯
55 殖→触
56 応→往

頻出度

A

誤字訂正 ④

◆次の文中にまちがって使われている同じ音訓の漢字が一字ある。正しい漢字を記せ。

□ 1 国境警備隊が近隣の観視にあたる。

□ 2 鉄分の願有量を容器の底に表示する。

□ 3 司事している先生に自作の添削を頼む。

□ 4 後換性のない機種を購入してしまう。

□ 5 参道には多最な模擬店が軒を連ねた。

□ 6 炭水化物や脂肪は必要不可決な栄養素だ。

□ 7 流行の粋移に敏感なのは若者の常だ。

□ 8 渓流に添って遊歩道が整備されている。

□ 9 お年寄りと乳幼児以外は入場券が居る。

□ 10 重要参考人は黙比を決め込んでいた。

□ 11 地震国に反して林立する高装建築だ。

□ 12 仏和辞典の不及版が刊行された。

□ 13 新規購入した製品が元因不明で故障する。

□ 14 彼が唱えた違論は的を射ていた。

□ 15 両国の平和協存を願い条約に調印する。

□ 16 内戦による難民の救債に心を砕いた。

□ 17 不惑の新社長は機構改拡に意欲的だ。

□ 18 自警団が深夜の商店街を循回する。

□ 19 被害者の身元の伴明に手間取った。

□ 20 繭の黄糸で絹織物をこしらえる。

□ 21 企業合併の経費は両社で切半した。

□ 22 学者の項績は死後に評価が高まった。

□ 23 公平無至の精神で議事を進行させた。

□ 24 契約の公改交渉で厳しい条件を提示した。

解答

1 観→監
2 願→含
3 司→師
4 後→互
5 最→彩
6 決→欠
7 粋→推
8 添→沿
9 居→要
10 比→秘
11 装→層
12 不→普
13 元→原
14 違→異
15 協→共
16 債→済
17 拡→革
18 循→巡
19 伴→判
20 黄→生
21 切→折
22 項→功
23 至→私
24 公→更

□ 25 容肢端麗で運動神経も優れた青年だ。
□ 26 尾翼の損衝が墜落原因と推測された。
□ 27 披露宴で美事麗句を並べた祝電が続く。
□ 28 優秀な人材確捕が我が社の急務だ。
□ 29 医者が所方した解熱剤が効いた。
□ 30 客の応待に追われ息つく暇もない。
□ 31 集容人員一万を超える劇場を建設した。
□ 32 全校生徒の期範となる言動を心がける。
□ 33 栄養の保給のため患者に点滴を打つ。
□ 34 検査では恒感神経の働きは正常と出た。
□ 35 多額の不債の返済が重くのしかかる。
□ 36 公道を自主的に掃除する奇篤な人だ。
□ 37 疑念が晴れて悪夢から冷めた心地だ。
□ 38 社交辞礼が巧みで世渡りが上手な人だ。
□ 39 空中に附遊する花粉が鼻炎の一因だ。
□ 40 気章衛星は事故で打ち上げが延期された。
□ 41 創刊雑誌に往年の大女優の写真が乗る。
□ 42 空中爆発した機体が四方に飛産した。
□ 43 世界の最高宝を仰ぎ見て感嘆する。
□ 44 植物の育成に富葉土を役立てる。
□ 45 通信教育で通関士の資格を手得した。
□ 46 疲労の蓄積は日常生活に刺し障る。
□ 47 大臣の任免には天皇の忍証が必要だ。
□ 48 隊は武器や弾薬の総備にも事欠いた。
□ 49 周囲の恵観を生かして庭を造った。
□ 50 次第に幾つもの疑問が摘み重なった。
□ 51 議会での不忠意な言動を後悔する。
□ 52 優勝達成の瞬間、応援席は候奮した。
□ 53 生傷が耐えないけんか好きの少年だった。
□ 54 この製品は腐食せず待久性もある。
□ 55 父の繊練された貴族趣味を受け継いだ。
□ 56 無料配布された新製品の孝用を試す。

25 肢↓姿
26 衝↓傷
27 事↓辞
28 捕↓保
29 所↓処
30 待↓対
31 集↓収
32 期↓規
33 保↓補
34 恒↓交
35 不↓負
36 篤↓特
37 冷↓覚
38 礼↓令
39 附↓浮
40 章↓象
41 乗↓載
42 産↓散
43 宝↓峰
44 富↓腐
45 手↓取
46 刺↓差
47 忍↓認
48 総↓装
49 恵↓景
50 摘↓積
51 忠↓注
52 候↓興
53 耐↓絶
54 待↓耐
55 繊↓洗
56 孝↓効

頻出度 A

誤字訂正 5

◆次の文中にまちがって使われている同じ音訓の漢字が一字ある。正しい漢字を記せ。

□ 1 国家機構の改較に全力を尽くす。
□ 2 独専禁止法違反の容疑で某社を調査する。
□ 3 原校を万年筆で書く作家が激減した。
□ 4 対熱容器は調理には不可欠な道具だ。
□ 5 独奏的な発想で苦境を乗り越える。
□ 6 何の返哲もない絵画が妙に心に残る。
□ 7 選挙への国際観視団の派遣を検討する。
□ 8 長期内部闘争の沈静化に知得を絞る。
□ 9 戸籍抄本を展付した書類を提出する。
□ 10 短編小説が雑誌に掲採され評判になる。
□ 11 自然美豊かな場所は都会には解無だ。
□ 12 選烈に印象に残る小説を著す作家だ。
□ 13 庭の菜園用に富葉土を購入する。
□ 14 この木星端査機の撮影装置は最新鋭だ。
□ 15 余興で古典の名曲をロック調で引く。
□ 16 食品添加物の丸有量を調査する。
□ 17 選手の育成と協会の発展に幾与する。
□ 18 熱帯降雨林は奇少動植物の宝庫だ。
□ 19 前職での働きぶりも押して知るべしだ。
□ 20 在庫品を営業所から速刻取り寄せよ。
□ 21 美術館には淡整な顔立ちの仏像がある。
□ 22 廃棄物回集の業者が倉庫に向かった。
□ 23 冒険家の軌績をたどり共感を得る。
□ 24 主人公の掘折した心理を巧妙に描く。

解答

1 較→革
2 専→占
3 校→稿
4 対→耐
5 奏→創
6 返→変
7 観→監
8 得→恵
9 展→添
10 採→載
11 解→皆
12 選→鮮
13 富→腐
14 端→探
15 引→弾
16 丸→含
17 幾→寄
18 奇→希
19 押→推
20 速→即
21 淡→端
22 集→収
23 績→跡
24 掘→屈

□ 25 冬山縦走の前夜に双備を点検する。

□ 26 万博の誘置合戦が激しさを増す。

□ 27 公園の紛水の周囲に花壇を設置する。

□ 28 両者の言い分の食い違いに倒惑した。

□ 29 金融情勢は予想外の推異を示した。

□ 30 社員研習は過密な予定が組まれていた。

□ 31 大企模な古代集落の遺構を発見した。

□ 32 医師団は総力を揚げて患者を救命した。

□ 33 収容所は現寒の地にぽつりと建っている。

□ 34 医学界の発展に偉大な効績を残した。

□ 35 前例のない怪挙を遂げ驚嘆された。

□ 36 民間の有識者に福祉政作の検討を諮る。

□ 37 気昇予報官だけに空模様の変化に詳しい。

□ 38 祖母は和歌にも通じ才色兼美といわれた。

□ 39 性格は似味だが服装は派手好みだ。

□ 40 船に詰まれた荷はすべて税関を通過した。

□ 41 失敗を犯すという脅迫観念に苦しむ。

□ 42 害虫駆助のため農薬を空中散布する。

□ 43 汚職の追及に黙否権を使うのは卑劣だ。

□ 44 依然として個人消費は停迷している。

□ 45 純朴な彼が勇気を震って真相を暴いた。

□ 46 遠隔な集落との公易を明かす出土品だ。

□ 47 出貨した野菜の市場価格が暴落した。

□ 48 名医が深重を期して執刀に当たった。

□ 49 多忙な時間を裂いて友人と会食する。

□ 50 容疑者の自宅から証固品を押収する。

□ 51 同人誌に載せた詩が厳しい被評を受けた。

□ 52 数奇な運迷を描いた小説が反響を呼ぶ。

□ 53 司会者が敬証を正確に使って紹介した。

□ 54 食感に優れた布地を開発し販売する。

□ 55 豪華な信殿造りの邸宅を建築した。

□ 56 容肢と人間の価値は無関係と主張する。

25 双→装
26 置→致
27 紛→噴
28 倒→当
29 異→移
30 習→修
31 企→規
32 揚→挙
33 現→厳
34 効→功
35 怪→快
36 作→策
37 昇→象
38 美→備
39 似→地
40 詰→積

41 脅→強
42 助→除
43 否→秘
44 停→低
45 震→奮
46 公→交
47 貨→荷
48 深→慎
49 裂→割
50 固→拠
51 被→批
52 迷→命
53 証→称
54 食→触
55 信→神
56 肢→姿

頻出度 **A**

対義語・類義語 ①

◆［　］の中の語を必ず一度使って漢字に直し、対義語・類義語を記せ。

【対義語】

□ 1 平凡
□ 2 受理
□ 3 一致
□ 4 凝縮
□ 5 低俗
□ 6 追随
□ 7 閑散
□ 8 排他
□ 9 完敗
□ 10 専任

そうい　こうが
いしょく　けんむ
かいしょう　かくさん
きゃっか　はんぼう
きょうちょう　そっせん

【類義語】

□ 11 運搬
□ 12 干渉
□ 13 傾向
□ 14 奇抜
□ 15 獲得
□ 16 念願
□ 17 至近
□ 18 看過
□ 19 沈思
□ 20 担保

ふうちょう　ていとう
にゅうしゅ　もっこう
とっぴ　もくぜん
もくにん　かいにゅう
ほんもう　ゆそう

解答

1 異色
2 却下
3 相違
4 拡散
5 高雅
6 率先
7 繁忙
8 協調
9 快勝
10 兼務
11 輸送
12 介入
13 風潮
14 突飛
15 入手
16 本望
17 目前
18 黙認
19 黙考
20 抵当

【対義語】

□21 左遷

□22 本名

□23 謙虚

□24 消耗

□25 干渉

□26 諮問

□27 死蔵

□28 解雇

□29 洗浄

□30 冗漫

□31 快諾

□32 分離

□33 逸材

□34 離脱

ぼんさい
とうごう
えいてん
こうまん
かんけつ
ちくせき
ほうにん
さいよう
かめい
かつよう
おせん
こじ
とうしん
がごう

【類義語】

□35 心算

□36 介抱

□37 使命

□38 伝道

□39 隷属

□40 序列

□41 早急

□42 世辞

□43 墨守

□44 賢明

□45 熟睡

□46 紛糾

□47 肯定

□48 完遂

あんみん
ぜにん
こんらん
ふきょう
かんご
ついしょう
せきじ
そっこく
ふくじゅう
にんむ
えいびん
けんじ
たっせい
いこう

21 栄転
22 雅号
23 高慢
24 蓄積
25 放任
26 答申
27 活用
28 採用
29 汚染
30 簡潔
31 固辞
32 統合
33 凡才
34 加盟

35 意向
36 看護
37 任務
38 布教
39 服従
40 席次
41 即刻
42 追従
43 堅持
44 鋭敏
45 安眠
46 混乱
47 是認
48 達成

頻出度 A

対義語・類義語 ②

◆ □の中の語を必ず一度使って漢字に直し、対義語・類義語を記せ。

【対義語】

□ 1 追随
□ 2 傑物
□ 3 相違
□ 4 軟弱
□ 5 高雅
□ 6 凝縮
□ 7 淡泊
□ 8 慎重
□ 9 概略
□ 10 秩序

けいそつ
かくさん
そっせん
きょうこ
ぼんじん
いっち
こんらん
のうこう
しょうさい
ていぞく

【類義語】

□ 11 介入
□ 12 絶賛
□ 13 親友
□ 14 入手
□ 15 留意
□ 16 快活
□ 17 黙認
□ 18 用心
□ 19 極意
□ 20 意図

ひでん
ちき
かんよ
けいかい
めいろう
はいりょ
しんさん
げきしょう
かんか
かくとく

解答

1 率先
2 凡人
3 一致
4 強固
5 低俗
6 拡散
7 濃厚
8 軽率
9 詳細
10 混乱

11 関与
12 激賞
13 知己
14 獲得
15 配慮
16 明朗
17 看過
18 警戒
19 秘伝
20 心算

【対義語】

□21 拘束
□22 閑散
□23 四肢
□24 重厚
□25 野卑
□26 却下
□27 末節
□28 接近
□29 湿潤
□30 閉鎖
□31 頒布
□32 異色
□33 新鋭
□34 喪失

かいせつ　かいしゅう　かくとく　りだつ　けいはく　こごう　かんそう
こんかん　ゆうが　はんぼう　しゃくほう　じゅり　どうたい　へいぼん

【類義語】

□35 釈明
□36 書簡
□37 布教
□38 変革
□39 強豪
□40 即刻
□41 手本
□42 推測
□43 鋭敏
□44 進呈
□45 激励
□46 没頭
□47 回顧
□48 繊細

べんかい　でんどう　てがみ　そうきゅう　こぶ　せんねん　よそう
りはつ　もはん　せいえい　びみょう　ついおく　かいぞう　きぞう

21 釈放
22 繁忙
23 胴体
24 軽薄
25 優雅
26 受理
27 根幹
28 離脱
29 乾燥
30 開設
31 回収
32 平凡
33 古豪
34 獲得
35 弁解
36 手紙
37 伝道
38 改造
39 精鋭
40 早急
41 模範
42 予想
43 利発
44 寄贈
45 鼓舞
46 専念
47 追憶
48 微妙

頻出度 A

対義語・類義語 ③

◆ □の中の語を必ず一度使って漢字に直し、対義語・類義語を記せ。

【対義語】

□ 1 起床
□ 2 快勝
□ 3 兼務
□ 4 左遷
□ 5 喪失
□ 6 謙虚
□ 7 消耗
□ 8 干渉
□ 9 諮問
□ 10 軽薄

かくとく　かんぱい　ちくせき　えいてん　せんにん
しゅうしん　とうしん　ほうにん　じゅうこう　こうまん

【類義語】

□ 11 風潮
□ 12 接待
□ 13 知己
□ 14 本望
□ 15 発案
□ 16 明朗
□ 17 黙考
□ 18 非凡
□ 19 秘伝
□ 20 看護

ばつぐん　きょうおう　けいこう　ごくい　そうい
ねんがん　かいほう　ちんし　かいかつ　しんゆう

解答

1 就寝
2 完敗
3 専任
4 栄転
5 獲得
6 高慢
7 蓄積
8 放任
9 答申
10 重厚
11 傾向
12 供応
13 親友
14 念願
15 創意
16 快活
17 沈思
18 抜群
19 極意
20 介抱

【対義語】

- □ 21 衰微
- □ 22 頒布
- □ 23 湿潤
- □ 24 秩序
- □ 25 四肢
- □ 26 傑物
- □ 27 貸与
- □ 28 優勝
- □ 29 不急
- □ 30 騰貴
- □ 31 断念
- □ 32 雅号
- □ 33 零落
- □ 34 刺激

どうたい　かいしゅう　はんえい　しゃくよう　かんそう　げらく　えいたつ
しゅうちゃく　こんらん　かきゅう　れっぱい　はんのう　ほんみょう　ぼんじん

【類義語】

- □ 35 思慮
- □ 36 手紙
- □ 37 屈従
- □ 38 典雅
- □ 39 精鋭
- □ 40 追従
- □ 41 有識
- □ 42 予想
- □ 43 罷免
- □ 44 大胆
- □ 45 核心
- □ 46 遺漏
- □ 47 倫理
- □ 48 飽食

ごうほう　だつらく　こんかん　れいぞく　ふんべつ　はくがく　きょうごう
せじ　じょうひん　しょかん　かいしょく　すいそく　どうとく　まんぷく

21 繁栄　22 回収　23 乾燥　24 混乱　25 胴体　26 凡人　27 借用　28 劣敗　29 火急　30 下落　31 執着　32 本名　33 栄達　34 反応

35 分別　36 書簡　37 隷属　38 上品　39 強豪　40 世辞　41 博学　42 推測　43 解職　44 豪放　45 根幹　46 脱落　47 道徳　48 満腹

頻出度 A

対義語・類義語 4

◆ □の中の語を必ず一度使って漢字に直し、対義語・類義語を記せ。

【対義語】

□ 1 徴収

□ 2 活用

□ 3 罷免

□ 4 洗浄

□ 5 冗漫

□ 6 快諾

□ 7 統合

□ 8 逸材

□ 9 零落

□ 10 根幹

ぼんさい	まっせつ
かんけつ	さいよう
おせん	えいたつ
のうにゅう	こじ
ぶんり	しぞう

【類義語】

□ 11 輸送

□ 12 激賞

□ 13 供応

□ 14 突飛

□ 15 配慮

□ 16 創意

□ 17 目前

□ 18 警戒

□ 19 卓越

□ 20 抵当

きばつ	はつあん
りゅうい	たんぽ
せったい	ひぼん
ぜっさん	うんぱん
しきん	ようじん

解答

1 納入　2 死蔵　3 採用　4 汚染　5 簡潔　6 固辞　7 分離　8 凡才　9 栄達　10 末節

11 運搬　12 絶賛　13 接待　14 奇抜　15 留意　16 発案　17 至近　18 用心　19 非凡　20 担保

【対義語】

21 軽率
22 閉鎖
23 軟弱
24 拘束
25 淡泊
26 野卑
27 恭順
28 劣敗
29 火急
30 騰貴
31 執着
32 衰微
33 離脱
34 概略

ふきゅう
ゆうが
かいせつ
だんねん
はんぎゃく
いさい
きょうこ
しんちょう
ゆうしょう
かめい
はんえい
しゃくほう
のうこう
げらく

【類義語】

35 弁解
36 分別
37 責務
38 改造
39 高尚
40 席次
41 模範
42 博学
43 堅持
44 辛抱
45 貢献
46 遺憾
47 俸給
48 妥当

ゆうしき
てほん
しりょ
しめい
がまん
ざんねん
てきせつ
ちんぎん
しゃくめい
かくほ
きよ
てんが
じょれつ
へんかく

21 慎重
22 開設
23 強固
24 釈放
25 濃厚
26 優雅
27 反逆
28 優勝
29 不急
30 下落
31 断念
32 繁栄
33 加盟
34 委細

35 釈明
36 思慮
37 使命
38 変革
39 典雅
40 序列
41 手本
42 有識
43 確保
44 我慢
45 寄与
46 残念
47 賃金
48 適切

頻出度 A

同音・同訓異字 ①

◆次の――線のカタカナにあてはまる漢字をそれぞれア～オから選び、記号で記せ。

□ 1 天皇に**キョウ**順の意を示す。

□ 2 両親の愛を**キョウ**受する。

□ 3 奇**キョウ**な行動が目立つ。

（ア矯　イ享　ウ峡　エ驚　オ恭）

□ 4 探**テイ**小説は人気がある。

□ 5 動植物の種類が**テイ**減した。

□ 6 両国間で休戦の**テイ**結をする。

（ア逓　イ偵　ウ貞　エ廷　オ締）

□ 7 会社の**ケイ**備を担当する。

□ 8 わらびは地下**ケイ**で増える。

□ 9 新緑の**ケイ**谷を旅行する。

（ア慶　イ渓　ウ警　エ茎　オ蛍）

□ 10 アメリカには**バイ**審員制度がある。

□ 11 加害者に損害**バイ**償を請求する。

□ 12 草花を露地栽**バイ**する。

（ア賠　イ媒　ウ培　エ倍　オ陪）

□ 13 大惨事から奇跡的に生**カン**した。

□ 14 古墳から石**カン**が見つかった。

□ 15 宿題はアサガオの**カン**察だ。

（ア還　イ陥　ウ患　エ観　オ棺）

□ 16 サケの**チ**魚を川へ放流した。

□ 17 彼女は**チ**死量の睡眠薬を飲んだ。

□ 18 通勤電車の中で**チ**漢に遭った。

（ア恥　イ致　ウ遅　エ痴　オ稚）

解答

1 オ　2 イ　3 ア

4 イ　5 ア　6 オ

7 ウ　8 エ　9 イ

10 オ　11 ア　12 ウ

13 ア　14 オ　15 エ

16 オ　17 イ　18 エ

19 詰問に対し即座に応**シュウ**する。

20 事件の証拠品を押**シュウ**した。

21 本**シュウ**を車で縦断した。

（ア収　イ修　ウ酬　エ就　オ州）

22 **ボウ**紙が汚職をスクープした。

23 彼女は**ボウ**績工場で働いていた。

24 実験でカエルを解**ボウ**した。

（ア房　イ某　ウ謀　エ剖　オ紡）

25 感**ガイ**深げな表情だ。

26 バカにするのも大**ガイ**にしろ。

27 波乱に富んだ生**ガイ**を送る。

（ア涯　イ該　ウ概　エ劾　オ慨）

28 怠**ダ**な人生を送る。

29 子供にお使いの**ダ**賃を与える。

30 船は**ダ**行しながら進んでいく。

（ア打　イ惰　ウ蛇　エ駄　オ妥）

31 土**ジョウ**を改良する。

32 汚染物質を**ジョウ**化する。

33 彼は自意識過**ジョウ**な男だ。

（ア錠　イ剰　ウ譲　エ浄　オ壌）

34 彼は**ユウ**揚迫らぬ物腰の人だ。

35 民族の**ユウ**和を図りたい。

36 少年犯罪を**ユウ**慮する。

（ア勇　イ融　ウ幽　エ悠　オ憂）

37 製**カ**工場を見学した。

38 彼女は十年来**カ**婦です。

39 骨肉の争いで**カ**根を残す。

（ア箇　イ禍　ウ暇　エ寡　オ菓）

40 ガラス窓を**ス**かして見る。

41 彼は腰の**ス**わった男だ。

42 子猫が鼻を**ス**りつけてきた。

（ア刷　イ据　ウ透　エ澄　オ擦）

19 ウ　20 ア　21 オ　22 イ　23 オ　24 エ　25 オ　26 ウ　27 ア　28 イ　29 エ　30 ウ

31 オ　32 エ　33 イ　34 エ　35 イ　36 オ　37 オ　38 エ　39 イ　40 ウ　41 イ　42 オ

頻出度 A

同音・同訓異字 ②

◆次の――線のカタカナにあてはまる漢字をそれぞれア〜オから選び、記号で記せ。

□ 1 一生を**カ**けた作品制作に励む。
□ 2 遊びと勉強の**カ**ね合いが大事だ。
□ 3 不安に**カ**られて落ち着かない。
（ア兼　イ架　ウ駆　エ欠　オ懸）

□ 4 単身赴任で自**スイ**生活をした。
□ 5 釣り糸につける浮きは紡**スイ**形だ。
□ 6 観客は名演奏に陶**スイ**した。
（ア粋　イ炊　ウ酔　エ帥　オ錘）

□ 7 重大な不**ショウ**事をひき起こす。
□ 8 先生が推**ショウ**する図書です。
□ 9 作曲家については未**ショウ**だ。
（ア肖　イ祥　ウ奨　エ詳　オ渉）

□ 10 カースト制度は旧来の悪**ヘイ**だ。
□ 11 関連の銀行を**ヘイ**合した。
□ 12 成績を甲・乙・**ヘイ**で表した。
（ア幣　イ丙　ウ並　エ弊　オ併）

□ 13 **カク**心をついた意見だ。
□ 14 憲法改**カク**の法案が提出された。
□ 15 医者は的**カク**な判断を下した。
（ア革　イ核　ウ隔　エ嚇　オ確）

□ 16 知識を実**セン**に生かす。
□ 17 琴の美しい**セン**律を楽しんだ。
□ 18 時代の変**セン**をたどる。
（ア践　イ戦　ウ選　エ遷　オ旋）

解答

1 オ　2 ア　3 ウ
4 イ　5 オ　6 ウ
7 イ　8 ウ　9 エ
10 エ　11 オ　12 イ
13 イ　14 ア　15 オ
16 ア　17 オ　18 エ

□ 19 男尊女卑は時代**サク**誤の考え方だ。

□ 20 作文の添**サク**をしてもらった。

□ 21 **サク**酸は無色だがにおいが強い。

（ア酢　イ索　ウ策　エ錯　オ削）

□ 22 彼女は都会的な**フン**囲気の人だ。

□ 23 首相の発言に**フン**慨する。

□ 24 民族間の**フン**争を解決する。

（ア雰　イ紛　ウ憤　エ噴　オ墳）

□ 25 彼女はとても**カン**容な人柄だ。

□ 26 試験で山**カン**が的中する。

□ 27 利益を平等に**カン**元する。

（ア款　イ還　ウ寛　エ勘　オ換）

□ 28 **ソウ**重な儀式に身が引き締まった。

□ 29 浄化**ソウ**を設置する。

□ 30 法**ソウ**界に通じている。

（ア曹　イ槽　ウ荘　エ壮　オ遭）

□ 31 精進潔**サイ**して祭事に臨む。

□ 32 岩盤を一挙に粉**サイ**した。

□ 33 武器の輸送を**サイ**領する。

（ア砕　イ催　ウ宰　エ斎　オ栽）

□ 34 経費の膨**チョウ**を憂慮する。

□ 35 男は**チョウ**発的な態度をとった。

□ 36 違法駐車は**チョウ**罰の対象になる。

（ア懲　イ徴　ウ挑　エ脹　オ超）

□ 37 時間を**サ**いてテレビを見た。

□ 38 親子の仲を**サ**くかのような行為だ。

□ 39 暑さを**サ**けて山荘に行く。

（ア咲　イ指　ウ避　エ割　オ裂）

□ 40 **ダ**落した生活を立て直す。

□ 41 人生は**ダ**協の連続だ。

□ 42 友人は**ダ**眠をむさぼっていた。

（ア妥　イ蛇　ウ駄　エ堕　オ惰）

19 エ　20 オ　21 ア

22 ア　23 ウ　24 イ

25 ウ　26 エ　27 イ

28 ウ　29 イ　30 ア

31 エ　32 ア　33 ウ

34 エ　35 ウ　36 ア

37 エ　38 オ　39 ウ

40 エ　41 ア　42 オ

頻出度 A

同音・同訓異字 ③

◆次の——線のカタカナにあてはまる漢字をそれぞれア〜オから選び、記号で記せ。

□ 1 ヒマラヤの**ユウ**姿に感動した。

□ 2 開店資金の**ユウ**通を受けた。

□ 3 **ユウ**効期限が間近に迫る。

（ア悠　イ有　ウ雄　エ幽　オ融）

□ 4 文武両道の校風を**ジョウ**成する。

□ 5 土偶は**ジョウ**文時代の遺物だ。

□ 6 余**ジョウ**人員を削減する。

（ア醸　イ縄　ウ壌　エ浄　オ剰）

□ 7 インドは文明発**ショウ**の地である。

□ 8 身におぼえのない中**ショウ**だ。

□ 9 一**ショウ**の米を炊く。

（ア傷　イ粧　ウ宵　エ升　オ祥）

□ 10 婚**イン**届を提出する。

□ 11 演奏会の余**イン**を楽しむ。

□ 12 祖母は**イン**居している。

（ア院　イ韻　ウ姻　エ隠　オ困）

□ 13 地雷の**ボク**滅運動に立ち上がる。

□ 14 彼は実に素**ボク**な人間だ。

□ 15 公**ボク**としての立場を自覚する。

（ア朴　イ牧　ウ僕　エ撲　オ墨）

□ 16 彼女の意見には首**コウ**しかねる。

□ 17 世界平和に**コウ**献したい。

□ 18 猫は平**コウ**感覚に優れている。

（ア衡　イ貢　ウ拘　エ行　オ肯）

解答

1 ウ　2 オ　3 イ

4 ア　5 イ　6 オ

7 オ　8 ア　9 エ

10 ウ　11 イ　12 エ

13 エ　14 ア　15 ウ

16 オ　17 イ　18 ア

□ 19 気が**ス**むまで話し合おう。
□ 20 彼はだれにでも**ス**かれる好人物だ。
□ 21 **ス**んだ空気を胸いっぱい吸い込む。
（ア澄　イ刷　ウ好　エ住　オ済）

□ 22 ジャガイモは**カイ**根です。
□ 23 小学生の誘**カイ**事件がおこった。
□ 24 王妃がご**カイ**妊された。
（ア怪　イ塊　ウ懐　エ悔　オ拐）

□ 25 大量消費に**ハク**車がかかる。
□ 26 松尾芭蕉《まつおばしょう》は漂**ハク**の歌人だ。
□ 27 有名画**ハク**の絵を展示する。
（ア泊　イ白　ウ伯　エ舶　オ拍）

□ 28 **ケン**譲語の使い方は難しい。
□ 29 盗みの**ケン**疑を晴らす。
□ 30 医学界に**ケン**著な業績を残す。
（ア謙　イ顕　ウ賢　エ嫌　オ献）

□ 31 **セン**鉄は鉄鉱石を溶かしてつくる。
□ 32 部長は子会社へ左**セン**された。
□ 33 彼女は**セン**細な人物だ。
（ア栓　イ繊　ウ遷　エ薦　オ銑）

□ 34 父は渉**ガイ**係を任されている。
□ 35 彼女は天**ガイ**孤独の身の上だった。
□ 36 有**ガイ**物質を取り除く。
（ア害　イ該　ウ外　エ涯　オ概）

□ 37 相続には戸籍**トウ**本が必要だ。
□ 38 豪華客船に**トウ**乗する。
□ 39 被爆者の追**トウ**式に参加する。
（ア謄　イ悼　ウ搭　エ塔　オ騰）

□ 40 ご同**ケイ**の至りに存じます。
□ 41 **ケイ**雪の功を積む。
□ 42 雪**ケイ**を雷鳥が渡った。
（ア慶　イ蛍　ウ啓　エ渓　オ茎）

19 オ　20 ウ　21 ア
22 イ　23 オ　24 ウ
25 オ　26 ア　27 ウ
28 ア　29 エ　30 イ

31 オ　32 ウ　33 イ
34 ウ　35 エ　36 ア
37 ア　38 ウ　39 イ
40 ア　41 イ　42 エ

頻出度 A

同音・同訓異字 4

◆次の――線のカタカナにあてはまる漢字をそれぞれア～オから選び、記号で記せ。

□ **1** 汗顔の**イタ**りでございます。

□ **2** 夏場の生ものは**イタ**みが早い。

□ **3** 寒くなると関節が**イタ**む。

（ア痛　イ至　ウ板　エ傷　オ致）

□ **4** 母の**ショウ**像画を描いてもらう。

□ **5** 天皇より**ショウ**書が発せられる。

□ **6** 親の干**ショウ**を受けずに育った。

（ア掌　イ粧　ウ詔　エ肖　オ渉）

□ **7** 哀**シュウ**を帯びた曲だ。

□ **8** 過分の報**シュウ**に感謝する。

□ **9** 酒の飲み過ぎで**シュウ**態を演じた。

（ア愁　イ秀　ウ醜　エ酬　オ臭）

□ **10** 労働者に**ホウ**給を与える。

□ **11** 努力は水**ホウ**に帰した。

□ **12** **ホウ**名録を見せていただく。

（ア泡　イ奉　ウ封　エ俸　オ芳）

□ **13** 桜の花に**ウ**かれてそぞろ歩く。

□ **14** 改築工事を**ウ**け負う。

□ **15** **ウ**えに苦しむ人を救う。

（ア植　イ請　ウ埋　エ飢　オ浮）

□ **16** 上流にいくほど水が**ス**んでいる。

□ **17** 料金は二年間**ス**え置きだ。

□ **18** **ス**り傷に薬をぬる。

（ア済　イ擦　ウ透　エ澄　オ据）

解答

1	2	3	4	5	6	7	8	9
イ	エ	ア	エ	ウ	オ	ア	エ	ウ
10	11	12	13	14	15	16	17	18
エ	ア	オ	オ	イ	エ	エ	オ	イ

□ 19 輸出入の均**コウ**を保つ。
□ 20 新聞を**コウ**読している。
□ 21 社会の発展に**コウ**献したい。
（ア貢　イ硬　ウ購　エ酵　オ衡）

□ 22 伝統を**フ**まえた行事だ。
□ 23 手を**フ**りながら別れた。
□ 24 氏名を**フ**せて寄付した。
（ア伏　イ触　ウ振　エ踏　オ殖）

□ 25 地**カク**変動で山ができた。
□ 26 犬がうなって威**カク**している。
□ 27 問題の**カク**心にせまる。
（ア嚇　イ核　ウ隔　エ殻　オ郭）

□ 28 犯人の足取りを**ソウ**索する。
□ 29 ご**ソウ**健のことと存じます。
□ 30 山**ソウ**にこもって作曲に励む。
（ア壮　イ捜　ウ掃　エ挿　オ荘）

□ 31 入院するのはもう**コ**りごりだ。
□ 32 恋い**コ**がれて胸がつまる思いだ。
□ 33 彼女はお菓子づくりに**コ**っている。
（ア越　イ凝　ウ懲　エ焦　オ込）

□ 34 熱いお湯にどっぷりと**ツ**かる。
□ 35 新茶の若芽を**ツ**みとる。
□ 36 洋服と靴が**ツ**りあっている。
（ア詰　イ尽　ウ漬　エ釣　オ摘）

□ 37 事件発生については遺**カン**に思う。
□ 38 国から県に業務を移**カン**する。
□ 39 香港《ホンコン》は中国に返**カン**された。
（ア陥　イ還　ウ憾　エ管　オ敢）

□ 40 **ダ**撃力のあるチームを完封した。
□ 41 両国の漁業交渉がやっと**ダ**結した。
□ 42 **ダ**落した政界を嘆く。
（ア堕　イ妥　ウ打　エ駄　オ惰）

19 オ　20 ウ　21 ア
22 エ　23 ウ　24 ア
25 エ　26 ア　27 イ
28 イ　29 ア　30 オ
31 ウ　32 エ　33 イ
34 ウ　35 オ　36 エ
37 ウ　38 エ　39 イ
40 ウ　41 イ　42 ア

頻出度 A

部首 ①

◆次の漢字の部首を記せ。

1. □ 弔
2. □ 傘
3. □ 酷
4. □ 琴
5. □ 尚
6. □ 猿
7. □ 鉢
8. □ 宵
9. □ 症
10. □ 暫
11. □ 酬
12. □ 辱
13. □ 泰
14. □ 囚
15. □ 分
16. □ 且
17. □ 矯
18. □ 市
19. □ 虞
20. □ 筒
21. □ 壮
22. □ 喝
23. □ 刃
24. □ 霜

解答

1. 弓
2. 人
3. 酉
4. 王・玉
5. 小
6. 犭
7. 釒
8. 宀
9. 疒
10. 日
11. 酉
12. 辰
13. 氺
14. 囗
15. 刀
16. 一
17. 矢
18. 巾
19. 虍
20. ⺮
21. 士
22. 口
23. 刀
24. ⻗

□ 25 蛍
□ 26 翁
□ 27 摩
□ 28 奮
□ 29 斎
□ 30 嚇
□ 31 賞
□ 32 羅

□ 33 旋
□ 34 六
□ 35 垂
□ 36 畝
□ 37 褒
□ 38 呉
□ 39 頒
□ 40 窮

□ 41 雑
□ 42 肯
□ 43 塁
□ 44 斉
□ 45 附
□ 46 巡
□ 47 顕
□ 48 款

□ 49 暁
□ 50 享
□ 51 勝
□ 52 耗
□ 53 慶
□ 54 瓶
□ 55 寡
□ 56 赦

25 虫	26 羽	27 手	28 大	29 斉	30 口	31 貝	32 罒
33 方	34 八	35 土	36 田	37 衣	38 口	39 頁	40 穴
41 隹	42 肉	43 土	44 斉	45 阝	46 巛・川	47 頁	48 欠
49 日	50 亠	51 力	52 耒	53 心	54 瓦	55 宀	56 赤

頻出度 A

部首 2

◆次の漢字の部首を記せ。

1 麻
2 駄
3 厄
4 慶
5 尉
6 劾
7 亭
8 粛
9 窯
10 頻
11 蒸
12 粧
13 画
14 塑
15 肖
16 叔
17 窃
18 魔
19 唐
20 襟
21 奏
22 爵
23 兼
24 庶

解答

1 麻
2 馬
3 厂
4 心
5 寸
6 力
7 亠
8 聿
9 穴
10 頁
11 艹
12 米
13 田
14 土
15 肉
16 又
17 穴
18 鬼
19 口
20 衤
21 大
22 爫
23 八
24 广

番号	漢字
□ 25	雰
□ 26	貞
□ 27	吟
□ 28	渦
□ 29	奔
□ 30	冊
□ 31	幣
□ 32	看
□ 33	礁
□ 34	銃
□ 35	四
□ 36	耐
□ 37	璽
□ 38	虜
□ 39	帥
□ 40	崇
□ 41	曹
□ 42	履
□ 43	轄
□ 44	升
□ 45	勲
□ 46	酢
□ 47	充
□ 48	痴
□ 49	寛
□ 50	殉
□ 51	猫
□ 52	遷
□ 53	募
□ 54	醸
□ 55	煩
□ 56	殿

番号	解答
25	⻗
26	貝
27	口
28	氵
29	大
30	冂
31	巾
32	目
33	石
34	金
35	囗
36	而
37	玉・王
38	虍
39	巾
40	山
41	曰
42	尸
43	車
44	十
45	力
46	酉
47	儿
48	疒
49	宀
50	歹
51	犭
52	辶
53	力
54	酉
55	火
56	殳

頻出度 A

部首 ③

◆次の漢字の部首を記せ。

□ 1 為

□ 2 吏

□ 3 准

□ 4 勺

□ 5 畝

□ 6 隅

□ 7 薦

□ 8 妄

□ 9 剖

□ 10 粛

□ 11 覇

□ 12 塾

□ 13 斉

□ 14 忍

□ 15 循

□ 16 寧

□ 17 賓

□ 18 傘

□ 19 享

□ 20 塁

□ 21 禅

□ 22 懇

□ 23 喪

□ 24 献

解答

1 灬

2 口

3 冫

4 勹

5 田

6 阝

7 艹

8 女

9 刂

10 聿

11 西

12 土

13 斉

14 心

15 彳

16 宀

17 貝

18 人

19 亠

20 土

21 礻

22 心

23 口

24 犬

□ 25 夜
□ 26 昆
□ 27 戻
□ 28 勲
□ 29 恭
□ 30 謄
□ 31 賄
□ 32 縄

□ 33 閥
□ 34 翌
□ 35 扉
□ 36 璽
□ 37 尼
□ 38 嗣
□ 39 悼
□ 40 致

□ 41 盲
□ 42 租
□ 43 拒
□ 44 競
□ 45 淑
□ 46 蛇
□ 47 購
□ 48 磨

□ 49 蛍
□ 50 但
□ 51 爵
□ 52 奮
□ 53 裏
□ 54 辛
□ 55 嫌
□ 56 甚

25 夕
26 日
27 戸
28 力
29 ⺗
30 言
31 貝
32 糸

33 門
34 羽
35 戸
36 玉・王
37 尸
38 口
39 忄
40 至

41 目
42 禾
43 扌
44 立
45 氵
46 虫
47 貝
48 石

49 虫
50 亻
51 爫
52 大
53 衣
54 辛
55 女
56 甘

頻出度 A

熟語の構成 ①

◆熟語の構成のしかたには次のようなものがある。

ア　同じような意味の漢字を重ねたもの（例　絵画）
イ　反対または対応の意味を表す字を重ねたもの（例　善悪）
ウ　上の字が下の字を修飾しているもの（例　和食）
エ　下の字が上の字の目的語・補語になっているもの（例　読書）
オ　主語と述語の関係にあるもの（例　潮騒）
カ　上の字が下の字の意味を打ち消しているもの（例　不正）

次の熟語はそのどれにあたるか、記号を記せ。

□ 1　献金
□ 2　滅亡
□ 3　殉教
□ 4　旧暦
□ 5　政変
□ 6　霊魂
□ 7　国営
□ 8　撤兵
□ 9　作文
□ 10　慶弔
□ 11　送迎
□ 12　隠匿
□ 13　急減
□ 14　観桜
□ 15　非凡

解答

1　エ「献上する↑金を」と解釈する
2　ア　どちらも「ほろびる」の意
3　エ「守って死ぬ↑教えを」と解釈する
4　ウ「ふるい＋暦」と解釈する
5　オ「政治が↓変動する」と解釈する
6　ア　どちらも「たましい」の意
7　オ「国が↓営む」と解釈する
8　エ「撤する↑兵を」と解釈する
9　エ「作る↑文を」と解釈する
10　イ「慶事」↕「弔事」の意
11　イ「送る」↕「迎える」の意
12　ア　どちらも「かくす」の意
13　ウ「急に＋減る」と解釈する
14　エ「観賞する↑桜を」と解釈する
15　カ「ない↑普通では」と解釈する

□16 県立
□17 退学
□18 絵画
□19 点眼
□20 罷免
□21 日照
□22 骨折
□23 治水
□24 無礼
□25 多寡
□26 頻出
□27 年少
□28 失明
□29 道路
□30 金杯
□31 去就
□32 清濁
□33 暗礁
□34 出金
□35 繁閑
□36 鶏鳴
□37 施錠
□38 寒暑
□39 往還
□40 賞罰
□41 赴任
□42 行為
□43 争覇
□44 逸話
□45 勧奨
□46 親疎
□47 融資
□48 今昔

16 オ 「県が↓設立した」と解釈する
17 エ 「退く↑学校を」と解釈する
18 ア どちらも「え」の意
19 エ 「さす↑目薬を」と解釈する
20 ア どちらも「やめさせる」の意
21 オ 「日が↓照る」と解釈する
22 オ 「骨が↓折れる」と解釈する
23 エ 「治める↑水を」と解釈する
24 カ 「ない↑礼儀が」と解釈する
25 イ 「多い」↕「少ない」の意
26 ウ 「しばしば＋出る」と解釈する
27 オ 「年が↓少ない」と解釈する
28 エ 「失う↑明かり＝目を」と解釈する
29 ア どちらも「みち」の意
30 ウ 「金の＋杯」と解釈する
31 イ 「去る」↕「就く」の意
32 イ 「清い」↕「濁り」の意
33 ウ 「暗くて隠れている＋礁」と解釈する
34 エ 「出す↑金を」と解釈する
35 イ 「いそがしい」↕「ひま」の意
36 オ 「鶏が↓鳴く」と解釈する
37 エ 「かける↑カギを」と解釈する
38 イ 「寒い」↕「暑い」の意
39 イ 「いく」↕「かえる」の意
40 イ 「賞」↕「罰」の意
41 エ 「赴く↑任に」と解釈する
42 ア どちらも「行う」の意
43 エ 「争う↑覇を」と解釈する
44 ウ 「知られない＋話」と解釈する
45 ア どちらも「すすめる」の意
46 イ 「親しい」↕「疎い」の意
47 エ 「融通する↑資金を」と解釈する
48 イ 「今」↕「昔」の意

頻出度 A

熟語の構成 ②

◆熟語の構成のしかたには次のようなものがある。

ア 同じような意味の漢字を重ねたもの（例 絵画）
イ 反対または対応の意味を表す字を重ねたもの（例 善悪）
ウ 上の字が下の字を修飾しているもの（例 和食）
エ 下の字が上の字の目的語・補語になっているもの（例 読書）
オ 主語と述語の関係にあるもの（例 潮騒）
カ 上の字が下の字の意味を打ち消しているもの（例 不正）

次の熟語はそのどれにあたるか、記号を記せ。

□ 1 献体
□ 2 非常
□ 3 殉職
□ 4 銀幕
□ 5 絶佳
□ 6 悪者
□ 7 国選
□ 8 享受
□ 9 殺菌
□ 10 激減
□ 11 遭難
□ 12 雲泥
□ 13 急逝
□ 14 歓喜
□ 15 自選

解答

1 エ「献上する↑体を」と解釈する
2 カ「ない↑常のことで」と解釈する
3 エ「殉じる↑職に」と解釈する
4 ウ「銀色の＋幕」と解釈する
5 ウ「すぐれて＋美しい」と解釈する
6 ウ「悪い＋者」と解釈する
7 オ「国が↓選ぶ」と解釈する
8 ア どちらも「受ける」の意
9 エ「殺す↑細菌を」と解釈する
10 ウ「はげしく＋減る」と解釈する
11 エ「あう↑難に」と解釈する
12 イ「雲＝天」↕「泥＝地」の意
13 ウ「急に＋逝く」と解釈する
14 ア どちらも「よろこぶ」の意
15 オ「自らが↓選んだ」と解釈する

□16 剛健
□17 貸借
□18 開廷
□19 点灯
□20 美醜
□21 入国
□22 懇請
□23 挑戦
□24 機器
□25 多寡
□26 頻発

□27 年長
□28 衆寡
□29 匿名
□30 空虚
□31 寛厳
□32 製鉄
□33 陰陽
□34 詳細
□35 必携
□36 検疫
□37 未満

□38 寒流
□39 開会
□40 植樹
□41 防火
□42 巧拙
□43 迅速
□44 細心
□45 飢餓
□46 振鈴
□47 愉悦
□48 座礁

16 ア どちらも「たくましい」の意
17 イ 「貸す」↕「借りる」の意
18 エ 「開く↑法廷を」と解釈する
19 エ 「ともす↑灯を」と解釈する
20 イ 「美しい」↕「醜い」の意
21 エ 「入る↑国へ」と解釈する
22 ウ 「心から＋請う」と解釈する
23 エ 「挑む↑戦いを」と解釈する
24 ア どちらも「道具」の意
25 イ 「多い」↕「少ない」の意
26 ウ 「しばしば＋起こる」と解釈する

27 オ 「年齢が↓長じる」と解釈する
28 イ 「大人数」↕「小人数」の意
29 エ 「隠す↑本名を」と解釈する
30 ア どちらも「むなしい」の意
31 イ 「寛大」↕「厳格」の意
32 エ 「製造する↑鉄を」と解釈する
33 イ 「陰」↕「陽」の意
34 ア どちらも「くわしい」の意
35 ウ 「必ず＋携帯する」と解釈する
36 エ 「検査する↑疫病を」と解釈する
37 カ 「いまだ〜ない↑満たすことが」と解釈する

38 ウ 「冷たい＋海流」と解釈する
39 エ 「開く↑会を」と解釈する
40 エ 「植える↑樹を」と解釈する
41 エ 「防ぐ↑火を」と解釈する
42 イ 「巧み」↕「つたない」の意
43 ア どちらも「すばやい」の意
44 ウ 「細かい＋注意」と解釈する
45 ア どちらも「うえる」の意
46 エ 「振る↑鈴を」と解釈する
47 ア どちらも「楽しい」の意
48 エ 「乗り上げる↑暗礁に」と解釈する

頻出度 A

熟語の構成 ❸

◆熟語の構成のしかたには次のようなものがある。

ア 同じような意味の漢字を重ねたもの（例 絵画）
イ 反対または対応の意味を表す字を重ねたもの（例 善悪）
ウ 上の字が下の字を修飾しているもの（例 和食）
エ 下の字が上の字の目的語・補語になっているもの（例 読書）
オ 主語と述語の関係にあるもの（例 潮騒）
カ 上の字が下の字の意味を打ち消しているもの（例 不正）

次の熟語はそのどれにあたるか、記号を記せ。

□ 1 迅速	□ 6 実践	□ 11 奔流
□ 2 細大	□ 7 争覇	□ 12 酷似
□ 3 棄却	□ 8 逸品	□ 13 寛厳
□ 4 頭痛	□ 9 架橋	□ 14 製陶
□ 5 濫造	□ 10 真偽	□ 15 映写

解答

1 ア どちらも「すばやい」の意
2 イ「細かい」↔「大きい」の意
3 ア どちらも「取り上げない」の意
4 オ「頭が→痛い」と解釈する
5 ウ「むやみに＋造る」と解釈する
6 ウ「実際に＋行う」と解釈する
7 エ「争う←覇権を」と解釈する
8 ウ「すぐれた＋品」と解釈する
9 エ「架ける←橋を」と解釈する
10 イ「真実」↔「いつわり」の意
11 ウ「激しい＋流れ」と解釈する
12 ウ「ひどく＋似ている」と解釈する
13 イ「寛容」↔「厳しい」の意
14 エ「製造する←陶器を」と解釈する
15 ア どちらも「うつす」の意

□ 16 乗除
□ 17 未踏
□ 18 懸命
□ 19 去就
□ 20 清酒
□ 21 愛憎
□ 22 取捨
□ 23 媒介
□ 24 苦楽
□ 25 点滅
□ 26 美麗

□ 27 入社
□ 28 罪人
□ 29 天覧
□ 30 牛歩
□ 31 急騰
□ 32 罷業
□ 33 日没
□ 34 公僕
□ 35 他薦
□ 36 禍福
□ 37 国有

□ 38 享楽
□ 39 殺人
□ 40 厳禁
□ 41 素描
□ 42 押韻
□ 43 献呈
□ 44 徹宵
□ 45 作画
□ 46 苦衷
□ 47 遷都
□ 48 不遇

16 イ「乗算」↕「除算」の意
17 カ「いまだ～ない↑踏んだことが」と解釈する
18 エ「かける↑命を」と解釈する
19 イ「去る」↕「就く」の意
20 ウ「すんだ＋酒」と解釈する
21 イ「愛する」↕「憎む」の意
22 イ「取る」↕「捨てる」の意
23 ア どちらも「関係をつける」の意
24 イ「苦しい」↕「楽しい」の意
25 イ「ともす」↕「消す」の意
26 ア どちらも「うつくしい」の意

27 エ「入る↑会社に」と解釈する
28 ウ「罪のある＋人」と解釈する
29 オ「天皇が↓ご覧になる」と解釈する
30 オ「牛が↓歩く」と解釈する
31 ウ「急に＋騰貴する」と解釈する
32 エ「やめる↑仕事を」と解釈する
33 オ「日が↓沈む」と解釈する
34 ウ「公の＋従事者」と解釈する
35 オ「他の人が↓推薦する」と解釈する
36 イ「わざわい」↕「幸福」の意
37 オ「国が↓有する」と解釈する

38 エ「受ける↑楽しみを」と解釈する
39 エ「殺す↑人を」と解釈する
40 ウ「厳しく＋禁じる」と解釈する
41 ウ「はじめの・ざっとした＋描写」と解釈する
42 エ「押さえる↑韻を」と解釈する
43 ア どちらも「差し上げる」の意
44 エ「徹する↑宵を」と解釈する
45 エ「作る↑画を」と解釈する
46 ウ「苦しい＋心中」と解釈する
47 エ「移す↑都を」と解釈する
48 カ「ない↑運が」と解釈する

頻出度 A

漢字識別 ①

◆三つの□に共通する漢字を□の中から選んで熟語を作り、記号で答えよ。

1 □地・□屈・貧□

2 家□・主□・□領

3 □慨・□激・□然

4 □修・□歴・□行

5 □黙・衆□・□婦

ア 寡	イ 糾	ウ 宰	エ 枠	オ 窮
カ 渇	キ 憤	ク 雰	ケ 履	コ 充

6 吟□・□造酒・□成

7 □材・散□・□話

8 破□恥・清□・低□

9 □巻・□王・□顔

10 自□伝・□勲・□情

ア 酷	イ 壌	ウ 逸	エ 廉	オ 置
カ 叙	キ 竜	ク 挑	ケ 醸	コ 禍

解答

1 オ　2 ウ　3 キ　4 ケ　5 ア

6 ケ　7 ウ　8 エ　9 キ　10 カ

11 □想・□動・□言
12 威□・脅□・□怒
13 □作・豪□・□物
14 監□・□促・家□
15 研□・□滅・□耗
16 □導・□発・□致
17 □道・常□・□跡

ア 雅　イ 廃　ウ 摩　エ 途　オ 妄
カ 免　キ 督　ク 軌　ケ 顕　コ 誘
サ 稼　シ 嚇　ス 僚　セ 傑　ソ 虜

---

18 無□・□目・□菓子
19 □願・断□・□頭
20 □想・□惑・□影
21 □元・返□・□暦
22 郷□・旅□・哀□
23 □給・加□・減□
24 抱□・□壁・□護

ア 権　イ 念　ウ 愁　エ 俸　オ 幻
カ 還　キ 擁　ク 惜　ケ 講　コ 駄
サ 序　シ 援　ス 懐　セ 効　ソ 庸

---

11 オ
12 シ
13 セ
14 キ
15 ウ
16 コ
17 ク

18 コ
19 イ
20 オ
21 カ
22 ウ
23 エ
24 キ

頻出度 A

漢字識別 ②

◆三つの□に共通する漢字を□の中から選んで熟語を作り、記号で答えよ。

□ 1 香□・暖□・懐□

□ 2 憂□・□傷・□嘆

□ 3 年□・本□・月□

□ 4 □業・□元・陶□

□ 5 総□・直□・分□

ア 酬	イ 愁	ウ 庸	エ 渇	オ 轄
カ 窯	キ 殻	ク 俸	ケ 悠	コ 炉

□ 6 新□酒・□成・□造

□ 7 治□・快□・□着

□ 8 困□・□迫・□乏

□ 9 草□・□物・冠□

□ 10 □励・総□・提□

ア 沸	イ 貴	ウ 窮	エ 憤	オ 履
カ 督	キ 嘆	ク 癒	ケ 醸	コ 旨

解答

1 コ　2 イ　3 ク　4 カ　5 オ

6 ケ　7 ク　8 ウ　9 オ　10 カ

□ 11 □菓・墓碑□・□柄

□ 12 □見・上□・拝□

□ 13 夢□・□滅・□覚

□ 14 □述・□景・自□伝

□ 15 迷□・□信・虚□

□ 16 □占・□少・□欲

□ 17 広□・□範・不□

ア 駆	イ 遍	ウ 銘	エ 泰	オ 寡
カ 債	キ 叙	ク 硫	ケ 謁	コ 轄
サ 幻	シ 陥	ス 軌	セ 耗	ソ 妄

□ 18 □賃・□作・□馬

□ 19 正□場・信□・入□

□ 20 □見・魅□・□解

□ 21 □付・奪□・帰□

□ 22 家□・□相・□領

□ 23 悲□・義□・発□

□ 24 □出・女□・怪□

ア 封	イ 念	ウ 偏	エ 専	オ 渇
カ 猶	キ 還	ク 傑	ケ 窯	コ 宰
サ 執	シ 了	ス 憤	セ 天	ソ 駄

11 ウ　12 ケ　13 サ　14 キ　15 ソ　16 オ　17 ス

18 ソ　19 イ　20 シ　21 キ　22 コ　23 ス　24 ク

頻出度 A

漢字識別 ③

◆三つの□に共通する漢字を□の中から選んで熟語を作り、記号で答えよ。

□ 1 農□期・□散・□静

□ 2 □酸・煙□・□薬

□ 3 □耗・□天楼・□擦

□ 4 □宮・登□門・恐□

□ 5 大□柱・□板・□幕

ア 歓	イ 渋	ウ 運	エ 閑	オ 朴
カ 黒	キ 摩	ク 竜	ケ 磨	コ 硝

□ 6 □戦・鼻□・一□

□ 7 □律・周□・□回

□ 8 平□・□合・快□

□ 9 囲□裏・高□・溶鉱□

□ 10 □潔・□価・□売

ア 勧	イ 旋	ウ 嫌	エ 喚	オ 廉
カ 炉	キ 庶	ク 癒	ケ 諭	コ 緒

解答

1 エ
2 コ
3 キ
4 ク
5 カ
6 コ
7 イ
8 ク
9 カ
10 オ

11 □耐・□者・□従
12 □記・無□・感□
13 □黒・□工芸・□器
14 □胆・□球・□健
15 外□・□客・来□
16 □拐・□因・勧□
17 □待・借□・落□

ア 誘	イ 欄	ウ 逐	エ 款	オ 唯
カ 漆	キ 剛	ク 微	ケ 賓	コ 疎
サ 忍	シ 頻	ス 銘	セ 拷	ソ 閑

---

18 災□・□根・惨□
19 □夜・貫□・一□
20 完□・□承・終□
21 □彩色・□限・□地
22 □古・述□・□妊
23 音□・□合・護□
24 露□・□著・□現

ア 塾	イ 符	ウ 穏	エ 糾	オ 禍
カ 恭	キ 徹	ク 撤	ケ 境	コ 極
サ 懐	シ 懸	ス 顕	セ 暁	ソ 了

11 サ
12 ス
13 カ
14 キ
15 ケ
16 ア
17 エ

18 オ
19 キ
20 ソ
21 コ
22 サ
23 イ
24 ス

□ 25 貴□席・主□・国□

□ 26 残□・□術・勘□

□ 27 □白・暗□・□星

□ 28 端□・由□・内□

□ 29 □養・栽□・啓□

□ 30 金□石・□直・□柔

□ 31 □風・□盤・□回

ア 頻	カ 剛	サ 妊
イ 培	キ 徹	シ 賓
ウ 隠	ク 善	ス 庶
エ 緒	ケ 忍	セ 遷
オ 旋	コ 黒	ソ 衡

□ 32 □度・電□・究□

□ 33 □古鳥・安□・□寂

□ 34 終止□・□号・免罪□

□ 35 奇□・□福・水□

□ 36 安□・丁□・□歳

□ 37 □子・□出・□流

□ 38 貨□・造□・□物

ア 継	カ 扶	サ 閑
イ 徴	キ 極	シ 迭
ウ 禍	ク 譜	ス 符
エ 泊	ケ 嫡	セ 幣
オ 憾	コ 抄	ソ 寧

25	26	27	28	29	30	31
シ	ケ	コ	エ	イ	カ	オ
32	33	34	35	36	37	38
キ	サ	ス	ウ	ソ	ケ	セ

合格を確実にする
最重要問題1452

第2章

頻出度Bランク問題

● 読み……106
● 書き取り……114
● 四字熟語……122
● 送りがな……128
● 誤字訂正……132
● 対義語・類義語……140
● 同音・同訓異字……146
● 部首……152
● 熟語の構成……156
● 漢字識別……160

頻出度 B

読み ❶

◆次の——線の読みをひらがなで記せ。

□ 1 姉は**邦楽**部に所属している。

□ 2 **脈絡**のない話でわかりにくい。

□ 3 執行**猶予**がついた判決が下った。

□ 4 我が国は内憂**外患**に悩まされている。

□ 5 **純朴**でだまされやすい人だ。

□ 6 教育**勅語**は明治時代に発布された。

□ 7 本は未知の世界への**扉**を開く。

□ 8 **捕虜**虐待の罪に問われる。

□ 9 原稿用紙の**升目**を埋める。

□ 10 抗議の**矢面**に立つ。

□ 11 皇室と**婚姻**関係にある家だ。

□ 12 公開**模擬**試験を受ける。

□ 13 お家**安泰**のために働く。

□ 14 あとは**実践**あるのみだ。

□ 15 水着はひところ**紡錘**形だった。

□ 16 漢字の**呉音**を学ぶ。

□ 17 **発作**が命取りとなった。

□ 18 ご新居の**棟上**げはいつですか。

□ 19 夏休みに**養豚**場でアルバイトした。

□ 20 保険の**約款**をよく読む。

□ 21 貿易**摩擦**問題の解決は難しい。

□ 22 価格は**据**え置きです。

□ 23 家には**猫**の額ほどの庭がある。

□ 24 **恭順**の意を表明する。

解答

1 ほうがく
2 みゃくらく
3 ゆうよ
4 がいかん
5 じゅんぼく
6 ちょくご
7 とびら
8 ほりょ
9 ますめ
10 やおもて
11 こんいん
12 もぎ
13 あんたい
14 じっせん
15 ぼうすい
16 ごおん
17 ほっさ
18 むねあ
19 ようとん
20 やっかん
21 まさつ
22 す
23 ねこ
24 きょうじゅん

□ 25 祖父は孫たちの晴れ姿にご**満悦**だ。

□ 26 **屋根**より高いこいのぼりを見上げる。

□ 27 犯人逃走の**虞**がある。

□ 28 税金の**扶養**家族控除を受ける。

□ 29 ご**丁寧**にありがとうございます。

□ 30 客を高級**料亭**で接待する。

□ 31 **消耗品**は多めに買っておこう。

□ 32 ファーブル**昆虫**記を読了した。

□ 33 息子の縁談に**奔走**する。

□ 34 警備の**盲点**をつかれた。

□ 35 **連覇**の野望を阻む。

□ 36 **寛大**な処置を願う。

□ 37 いくつかの**妥協**案を出す。

□ 38 恩師の**急逝**に号泣した。

□ 39 **普遍**の真理を求める。

□ 40 論文を**吟味**してから提出する。

□ 41 **岬**の灯台を目指して帆走する。

□ 42 **憂愁**にしずんで湖をながめる。

□ 43 **一括**払いで車を買った。

□ 44 **軽侮**のこもった目で見る。

□ 45 沖合に**釣**り舟が浮かんでいる。

□ 46 船への荷物の**搭載**が完了する。

□ 47 **酪農**農家に嫁いだ友人を訪ねる。

□ 48 維新前は**佐幕**派として戦った。

□ 49 なんとか学費を**賄**っている。

□ 50 良策を**模索**している段階です。

□ 51 ドイツは**亜寒帯**に属する。

□ 52 **戦艦**が太平洋に沈む。

□ 53 **惰眠**をむさぼる。

□ 54 深い山には**仙人**が住むという。

□ 55 **泡**が立ったビールを飲む。

□ 56 **顕微鏡**でアメーバの活動を調べる。

25 まんえつ
26 やね
27 おそれ
28 ふよう
29 ていねい
30 りょうてい
31 しょうもうひん（しょうこうひん）
32 こんちゅう
33 ほんそう
34 もうてん
35 れんぱ
36 かんだい
37 だきょう
38 きゅうせい
39 ふへん
40 ぎんみ
41 みさき
42 ゆうしゅう
43 いっかつ
44 けいぶ
45 つ
46 とうさい
47 らくのう
48 さばく
49 まかな
50 もさく
51 あかんたい
52 せんかん
53 だみん
54 せんにん
55 あわ
56 けんびきょう

頻出度 B

読み ②

◆次の——線の読みをひらがなで記せ。

□ 1 ネズミの**撲滅**のために薬をまく。

□ 2 医者に一度**診**てもらおう。

□ 3 久しぶりに**愉快**な人に会った。

□ 4 遺跡から**石棺**が出土した。

□ 5 公務員は国の**公僕**である。

□ 6 夜食でお**茶漬**けを食べた。

□ 7 大臣を**罷免**した。

□ 8 **人倫**にそむく行いをとがめる。

□ 9 正月に**繭玉**をかざる。

□ 10 **厄介**ごとを引き受ける。

□ 11 感動の**余韻**にひたる。

□ 12 彼女は**享楽**的な性格です。

□ 13 問題を**棚**上げして先に進んだ。

□ 14 閑職に**左遷**された。

□ 15 被害**妄想**に悩まされる。

□ 16 父は近所の**碁会所**に通っている。

□ 17 **内堀**通りを一周する。

□ 18 大学で**免疫**学を研究する。

□ 19 **全寮制**の学校に入学する。

□ 20 休日のビジネス街は**閑散**としている。

□ 21 正真**正銘**の雪舟筆の掛け軸です。

□ 22 国歌を**斉唱**する。

□ 23 大統領が**国賓**として来日する。

□ 24 着物の**半襟**の色使いを楽しむ。

解答

1 ぼくめつ
2 み
3 ゆかい
4 せっかん
5 こうぼく
6 ちゃづ
7 ひめん
8 じんりん
9 まゆだま
10 やっかい
11 よいん
12 きょうらく
13 たな
14 させん
15 もうそう
16 ごかいしょ
17 うちぼり
18 めんえき
19 ぜんりょうせい
20 かんさん
21 しょうめい
22 せいしょう
23 こくひん
24 はんえり

□ 25 グラスをていねいに**磨**く。
□ 26 核**融合**反応を研究する。
□ 27 **誘拐**犯が逮捕された。
□ 28 息子を大学**附属**の幼稚園に入れた。
□ 29 和洋**折衷**のデザインだ。
□ 30 **逓信**総合博物館を訪れる。
□ 31 **唯物**史観をテーマに論文を書く。
□ 32 田中さんとは**懇意**にしている。
□ 33 **凡庸**な意見しか言わない人だ。
□ 34 全分野を**網羅**するのは難しい。
□ 35 **老翁**とはいえ体は丈夫だ。
□ 36 **遺憾**の意を表す。
□ 37 **堕胎**は女性の体の負担になる。
□ 38 **拙宅**にも遊びに来てください。
□ 39 **浦風**の中をそぞろ歩く。
□ 40 **隅々**まできれいになりましたか。

□ 41 このブラシは**溝**の掃除に便利です。
□ 42 **悠久**の大地に思いをはせる。
□ 43 **赤褐色**のコートを探す。
□ 44 **義憤**に燃えて立ち上がる。
□ 45 飲酒運転で**懲戒**免職になる。
□ 46 **水筒**にお茶を入れる。
□ 47 **硫酸**でやけどを負った。
□ 48 **盆栽**が若い人の間で流行している。
□ 49 局部**麻酔**の注射をする。
□ 50 庭の**八重桜**が見事に咲く。
□ 51 **中尉**に昇進した。
□ 52 **頑固**な友人に愛想を尽かす。
□ 53 家事を手伝いお**駄賃**をもらった。
□ 54 **消火栓**を常備する。
□ 55 欧米では**年俸**契約が一般的だ。
□ 56 夕べは**管弦楽**を楽しんだ。

25 みが
26 ゆうごう
27 ゆうかい
28 ふぞく
29 せっちゅう
30 ていしん
31 ゆいぶつ
32 こんい
33 ぼんよう
34 もうら
35 ろうおう
36 いかん
37 だたい
38 せったく
39 うらかぜ
40 すみずみ

41 みぞ
42 ゆうきゅう
43 せっかっしょく（せきかっしょく）
44 ぎふん
45 ちょうかい
46 すいとう
47 りゅうさん
48 ぼんさい
49 ますい
50 やえざくら
51 ちゅうい
52 がんこ
53 だちん
54 しょうかせん
55 ねんぽう
56 かんげんがく

頻出度 B

読み ― 3

◆次の――線の読みをひらがなで記せ。

□ 1 **岬**行きのバスが海沿いの道を走る。

□ 2 珍しい雪景色に**郷愁**をそそられた。

□ 3 教授が学生の著作を**概括**した。

□ 4 こんな**侮辱**には耐えられない。

□ 5 エビでタイを**釣**る。

□ 6 **搭乗**口に十分前までに集合する。

□ 7 **豚肉**の消費量が漸増している。

□ 8 一億ドルの**借款**が成立する。

□ 9 ねじが**摩滅**して使えなくなった。

□ 10 この彫像はどこに**据**えようか。

□ 11 **猫舌**なので熱いスープは苦手だ。

□ 12 はがきに**恭賀**新年と書いた。

□ 13 社長も御**満悦**の体だ。

□ 14 **屋根裏**を物置に改造する。

□ 15 失敗する**虞**がある。

□ 16 自分の食い**扶持**くらい稼ぎなさい。

□ 17 国の**安寧**秩序を守る。

□ 18 となりの家は**亭主**関白らしい。

□ 19 玄関の**扉**が開きにくくなった。

□ 20 **虜囚**となって生きながらえた。

□ 21 **一升**の米を持ってキャンプに行った。

□ 22 抗議の**矢面**に立たされ困惑する。

□ 23 **姻族**が一堂に会した。

□ 24 **擬装**工作を見破る。

解答

1 みさき
2 きょうしゅう
3 がいかつ
4 ぶじょく
5 つ
6 とうじょう
7 ぶたにく
8 しゃっかん
9 まめつ
10 す
11 ねこじた
12 きょうが
13 まんえつ
14 やねうら
15 おそれ
16 ぶち
17 あんねい
18 ていしゅ
19 とびら
20 りょしゅう
21 いっしょう
22 やおもて
23 いんぞく
24 ぎそう

25 常に**泰然自若**としている。

26 理論より**実践**が大切だ。

27 町の主要産業は**紡績**です。

28 出入りの**呉服**商であつらえた。

29 子どもが**発作的**に泣き出した。

30 鈴木君は第三**病棟**に入院している。

31 **損耗**した備品を買い換える。

32 **昆布**で出し汁をとる。

33 首相が**収賄**の罪に問われた。

34 インターネットで**検索**してみよう。

35 **亜流**とけなされて怒る。

36 大**艦隊**が出撃する。

37 週末を**怠惰**に過ごす。

38 **水仙**の花をスケッチする。

39 やけどして**水泡**ができた。

40 自己**顕示欲**の強い人だ。

41 現地の**邦人**に観光地を案内される。

42 **脈絡**のないおしゃべりに疲れる。

43 実行まで一月の**猶予**期間がある。

44 **患部**を消毒する。

45 **素朴**派の絵画展を見にいく。

46 彼に**勅命**が下った。

47 **牛酪**というのはバターのことです。

48 **一佐**に昇進した。

49 彼は**奔放**な人生を送ったらしい。

50 **盲導**犬の訓練を見学した。

51 党内の**覇権**争いが激しさを増す。

52 あの人は**寛容**な人柄だ。

53 **妥当**な価格で売り出す。

54 ご**逝去**をいたみます。

55 人生**遍歴**を得々として話す。

56 **苦吟**して生み出した名句だ。

25 たいぜんじじゃく
26 じっせん
27 ぼうせき
28 ごふく
29 ほっさてき
30 びょうとう
31 そんもう（そんこう）
32 こんぶ（こぶ）
33 しゅうわい
34 けんさく
35 ありゅう
36 かんたい
37 たいだ
38 すいせん
39 すいほう
40 けんじよく

41 ほうじん
42 みゃくらく
43 ゆうよ
44 かんぶ
45 そぼく
46 ちょくめい
47 ぎゅうらく
48 いっさ
49 ほんぽう
50 もうどう
51 はけん
52 かんよう
53 だとう
54 せいきょ
55 へんれき
56 くぎん

頻出度 **B**

読み ― 4

◆次の――線の読みをひらがなで記せ。

□ 1 公金**拐帯**の罪に問われる。
□ 2 赤十字に毎年**寄附**している。
□ 3 **衷心**よりおわび申し上げます。
□ 4 商品を**逓送**する。
□ 5 彼女は**唯一無二**の親友である。
□ 6 **懇談**の機会をもつ。
□ 7 彼は**一尉**の自衛官である。
□ 8 独裁者の圧政に**頑強**に抵抗する。
□ 9 有名な芸術家にも**駄作**はある。
□ 10 ガスの**元栓**を閉める。
□ 11 やっと**俸給**生活者になれた。
□ 12 **上弦**の月が出た。
□ 13 **懲役**十年の刑に処する。
□ 14 内緒話が**筒抜**けになる。
□ 15 **硫安**は重要な肥料の一つだ。
□ 16 ヒヤシンスを**水栽培**する。
□ 17 **麻薬**に手を出してはいけない。
□ 18 **二重**まぶたに合う化粧法だ。
□ 19 村の**老翁**から戦時中の話を伺った。
□ 20 **憾恨**の情を抱く。
□ 21 **堕落**した精神を正す。
□ 22 この際絵の**巧拙**は問わない。
□ 23 田子の**浦**の絶景を詠んだ歌は多い。
□ 24 庭の**一隅**を照らす。

解答

1 かいたい
2 きふ
3 ちゅうしん
4 ていそう
5 ゆいいつむに
6 こんだん
7 いちい
8 がんきょう
9 ださく
10 もとせん
11 ほうきゅう
12 じょうげん
13 ちょうえき
14 つつぬ
15 りゅうあん
16 みずさいばい
17 まやく
18 ふたえ
19 ろうおう
20 かんこん
21 だらく
22 こうせつ
23 うら
24 いちぐう

□ 25 彼女の目は**褐色**だ。

□ 26 **発憤**して勉強に集中した。

□ 27 幼児虐待**撲滅**に尽力する。

□ 28 **診断**の難しい病気だった。

□ 29 人生の**愉悦**に浸る。

□ 30 遺体を**納棺**する。

□ 31 部下を**下僕**のように扱った。

□ 32 **漬物**があるとご飯がすすむ。

□ 33 レンズが**排水溝**に流れてしまった。

□ 34 **悠々自適**の暮らしにあこがれる。

□ 35 **男子寮**は女人禁制だ。

□ 36 **閑静**な住宅地に住む。

□ 37 **銘木**を使った床の間でくつろぐ。

□ 38 春が来て庭の花が**一斉**に開いた。

□ 39 **主賓**が来てから宴会を始める。

□ 40 **襟元**の美しい婦人だ。

□ 41 **中庸**を重んじる。

□ 42 **羅針盤**はコンパスとも呼ばれる。

□ 43 この食器には**研磨**剤は使えない。

□ 44 三人の気持ちが**融合**する。

□ 45 この皿は**食器棚**にしまってください。

□ 46 **遷都**が真剣に論議されている。

□ 47 首相の発言は**妄言**の類だ。

□ 48 久しぶりに**碁**でも打とうか。

□ 49 金の**採掘**に一生をかけた。

□ 50 **疫病**で人がばたばた死んでいった。

□ 51 ストライキは**同盟罷業**ともいう。

□ 52 社会**倫理**の確立が重要だ。

□ 53 カイコの**繭**づくりを観察する。

□ 54 今年は**厄年**だから気をつけよう。

□ 55 **頭韻**を踏んだ詩だ。

□ 56 自由を**享受**する。

25 かっしょく
26 はっぷん
27 ぼくめつ
28 しんだん
29 ゆえつ
30 のうかん
31 げぼく
32 つけもの
33 はいすいこう
34 ゆうゆうじてき
35 だんしりょう
36 かんせい
37 めいぼく
38 いっせい
39 しゅひん
40 えりもと
41 ちゅうよう
42 らしんばん
43 けんま
44 ゆうごう
45 しょっきだな
46 せんと
47 もうげん
48 ご
49 さいくつ
50 えきびょう
51 どうめいひぎょう
52 りんり
53 まゆ
54 やくどし
55 とういん
56 きょうじゅ

頻出度 B

書き取り①

◆次の——線のカタカナを漢字に直せ。

□ 1 **タンネン**な仕事ぶりが評価される。
□ 2 日本ネコの**オ**は短い。
□ 3 **ハクハツ**が美しい老婦人だ。
□ 4 **コウギ**のデモに参加する。
□ 5 円高の**ダゲキ**を受ける。
□ 6 **アセミズ**たらしてかせいだお金だ。
□ 7 **エンピツ**で下書きする。
□ 8 この建物は昔**キュウデン**だった。
□ 9 年賀状は**キンキョウ**報告もかねる。
□ 10 外交**ギレイ**にのっとって式を行う。
□ 11 漢字の一は**イチ**とも書く。
□ 12 スペインで**トウギュウ**を見物した。

□ 13 **ミンゾク**学者として新説を唱える。
□ 14 出題**ハンイ**を確かめる。
□ 15 祝いの**サカズキ**をくみかわす。
□ 16 合格**ケンナイ**に入る。
□ 17 貧血で**タオ**れる。
□ 18 家が**テイトウ**に入る。
□ 19 チョウが**マ**うように飛んだ。
□ 20 **メイシ**を印刷する。
□ 21 新聞の読者欄に**トウコウ**する。
□ 22 **キョタイ**をゆすって笑う。
□ 23 **キイ**に感じられる派手な服だ。
□ 24 **ドンテン**を見上げてためいきをつく。

解答

1 丹念
2 尾
3 白髪
4 抗議
5 打撃
6 汗水
7 鉛筆
8 宮殿
9 近況
10 儀礼
11 壱
12 闘牛
13 民俗
14 範囲
15 杯
16 圏内
17 倒
18 抵当
19 舞
20 名刺
21 投稿
22 巨体
23 奇異
24 曇天

頻出度B 書き取り❶

25 家を壊して**サラチ**にする。
26 台所と食堂を**カ**ねた部屋だ。
27 人事院**カンコク**に従う。
28 **オクサマ**はご在宅ですか。
29 **トチュウ**で忘れ物に気づいた。
30 **オキ**まで泳ぐ。
31 情景**ビョウシャ**が巧みだ。
32 **イサイ**を放つ人材だ。
33 主人公に自己**トウエイ**する。
34 雪で**トウゲ**が不通となった。
35 **コウタク**のある美しい家具だ。
36 **ヒロウ**で倒れる。
37 危険が**セマ**る。
38 **ゲンマイ**は健康にいいらしい。
39 古代の食器を**ハックツ**した。
40 地方**カクサ**を是正する。

41 **ソウ**としての修行にたえる。
42 窓から秋風が吹き**コ**んできた。
43 犯人の使った**キョウキ**を特定する。
44 さらに**イクニチ**かが過ぎた。
45 **イフウ**堂々とした態度だ。
46 **ブットウ**のシルエットが浮かぶ。
47 **ゾウトウ**品を買いに行く。
48 **タイバツ**をした教師に抗議する。
49 **カンキョウ**問題に敏感になる。
50 要点を**カジョウ**書きにする。
51 家中に父の**ドセイ**が響きわたった。
52 **ス**んだ青空が広がっている。
53 やけどで**ヒフ**科に通う。
54 **ヤクザイ**師を目指す。
55 外国みやげに**コウスイ**をもらう。
56 申請が**キャッカ**された。

25 更地
26 兼
27 勧告
28 奥様
29 途中
30 沖
31 描写
32 異彩
33 投影
34 峠
35 光沢
36 疲労
37 迫
38 玄米
39 発掘
40 格差

41 僧
42 込
43 凶器
44 幾日
45 威風
46 仏塔
47 贈答
48 体罰
49 環境
50 箇条
51 怒声
52 澄
53 皮膚
54 薬剤
55 香水
56 却下

頻出度 B

書き取り ②

◆次の――線のカタカナを漢字に直せ。

□ 1 **イドバタ**会議でうわさになる。
□ 2 **ハクトウ**の缶詰を食べる。
□ 3 試合中の選手に**セイエン**をおくる。
□ 4 家宝を**カンテイ**してもらう。
□ 5 失敗を**オソ**れていては何もできない。
□ 6 **コウテン**のため船は欠航します。
□ 7 基準以上の**ノウド**だ。
□ 8 **ヒナン**訓練が役に立った。
□ 9 洪水で**テイボウ**が決壊する。
□ 10 **グドン**な性格の男だ。
□ 11 **ミナサマ**によろしくお伝えください。
□ 12 **ジギ**に類する行動だ。
□ 13 **ケンドウ**二段の腕前だ。
□ 14 盛大な**ケッコン**式を挙げる。
□ 15 **バクゲキ**で多数の死傷者が出た。
□ 16 テレビを**ゲップ**で購入する。
□ 17 **カンタク**地の水田でとれた米だ。
□ 18 現実から**トウヒ**してはいけない。
□ 19 **インキョ**してから趣味が多くなった。
□ 20 会計**カンサ**の報告を受ける。
□ 21 女性の**キョウゲン**師が誕生する。
□ 22 **コウシュ**所を変える。
□ 23 **ダッシ**粉乳を水に溶かす。
□ 24 **カノジョ**の出身地は東京だ。

解答

1 井戸端	13 剣道
2 白桃	14 結婚
3 声援	15 爆撃
4 鑑定	16 月賦
5 恐	17 干拓
6 荒天	18 逃避
7 濃度	19 隠居
8 避難	20 監査
9 堤防	21 狂言
10 愚鈍	22 攻守
11 皆様	23 脱脂
12 児戯	24 彼女

□ 25 冷静チンチャクな行動をとる。
□ 26 飛行機はドウタイ着陸した。
□ 27 客にワガシを出す。
□ 28 だれよりもカガヤいて見えた。
□ 29 名刺でカタガきがわかる。
□ 30 ゴウウで電車が止まる。
□ 31 ケイハクな流行を追う。
□ 32 屋外家具にはボウフ加工が必要だ。
□ 33 タイカ金庫に貴金属を保管する。
□ 34 友人をシュセンドとののしる。
□ 35 明治イシンから百年以上たつ。
□ 36 空気がカンソウしている。
□ 37 遠キョリ通学に疲れる。
□ 38 会席料理にシタツヅミを打つ。
□ 39 現場のサンジョウに顔を背ける。
□ 40 ショハンの事情から中止する。
□ 41 部費をチョウシュウする。
□ 42 このあたりはスイトウ地帯だ。
□ 43 簡単にはんこをオしてはいけない。
□ 44 キモンよけのお札をはる。
□ 45 ローンのクり上げ返済をする。
□ 46 詳細はジコウに譲る。
□ 47 ジャクハイ者ですがどうぞよろしく。
□ 48 人生のキビを知る。
□ 49 女王にソクイする。
□ 50 飲みこんだアメ玉をハき出す。
□ 51 二千円は二千円とも書きます。
□ 52 アマいメロディーに酔う。
□ 53 海岸のサキュウを訪れる。
□ 54 ハケン社員として働く。
□ 55 商店街はサイマツ大売り出しだ。
□ 56 バツグンの成績を修める。

25 沈着
26 胴体
27 和菓子
28 輝
29 肩書
30 豪雨
31 軽薄
32 防腐
33 耐火
34 守銭奴
35 維新
36 乾燥
37 距離
38 舌鼓
39 惨状
40 諸般

41 徴収
42 水稲
43 押
44 鬼門
45 繰
46 次項
47 若輩（弱輩）
48 機微
49 即位
50 吐
51 弐
52 甘
53 砂丘
54 派遣
55 歳末
56 抜群

頻出度 **B**

書き取り ③

◆次の——線のカタカナを漢字に直せ。

□ 1 祝意をこめて花束を**オク**る。
□ 2 心情を**トロ**する。
□ 3 明日は**クモ**り時々晴れでしょう。
□ 4 問題の**カショ**を指摘する。
□ 5 **ギキョク**を上演する。
□ 6 **ケンギョウ**農家に嫁ぐ。
□ 7 娘の**コンヤク**が調った。
□ 8 **カミ**を切りに美容院にいきたい。
□ 9 **オキアイ**にヨットが見える。
□ 10 黄金の**イネ**の穂が風にゆれている。
□ 11 **エンジョ**物資を被災国におくる。
□ 12 **カンジョウ**に並んだ島々だ。
□ 13 **キョウフ**心を克服する。
□ 14 契約の**コウシン**を拒否する。
□ 15 **カンパイ**の音頭をとる。
□ 16 刑事の**ビコウ**に気がついた。
□ 17 つらい訓練に**タ**える。
□ 18 知らない町で**トホウ**にくれる。
□ 19 **イセイ**者の言動を疑う。
□ 20 人工**カンミ**料を使った菓子だ。
□ 21 **タイキャク**を余儀なくされる。
□ 22 お**コヅカ**いが足りない。
□ 23 豊かな**シキサイ**にあふれた庭だ。
□ 24 世間**イッパン**の人の感覚だ。

解答

1	贈	13	恐怖
2	吐露	14	更新
3	曇	15	乾杯
4	箇所	16	尾行
5	戯曲	17	耐
6	兼業	18	途方
7	婚約	19	為政
8	髪	20	甘味
9	沖合	21	退却
10	稲	22	小遣
11	援助	23	色彩
12	環状	24	一般

□ 25 **シズ**んだ表情が印象的だった。

□ 26 賃上げ**トウソウ**に勝つ。

□ 27 **ナマリイロ**の空から雨が落ちてきた。

□ 28 節分に**アカオニ**の面を作った。

□ 29 球根を**ホ**り出す。

□ 30 **コウモク**に分けて述べる。

□ 31 **コウハイ**をかわいがる。

□ 32 ご飯が**クサ**ってしまった。

□ 33 この**サワ**にはカニがいる。

□ 34 一目散に**ニ**げていった。

□ 35 家計を**イジ**する。

□ 36 トウガラシは**ハッカン**を促す食物だ。

□ 37 長**キョリ**走に適した選手だ。

□ 38 **ゲンカン**に花を飾る。

□ 39 強敵に**ザンパイ**を喫した。

□ 40 人の**キハン**となるよう行動する。

□ 41 食事は**タイテイ**一日三回です。

□ 42 胃に**ニブ**い痛みを感じる。

□ 43 **セイカ**会社に勤める。

□ 44 **キカ**学を専攻する。

□ 45 我がチームの捕手は**キョウケン**だ。

□ 46 **ゲンコウ**料を執筆者に支払う。

□ 47 建物がテロによって**バクハ**される。

□ 48 **カンプ**なきまでに敗れた。

□ 49 事件の**ホッタン**となる出来事だ。

□ 50 他社を**アットウ**する品質です。

□ 51 領収書では「一」は「**イチ**」と書く。

□ 52 第一人者に**カンシュウ**をお願いする。

□ 53 台風でかつてない**キョウサク**になる。

□ 54 ゴールを激しく**セ**めた。

□ 55 庭でハチに**サ**された。

□ 56 暑さを**サ**けて高原へ行く。

25 沈
26 闘争
27 鉛色
28 赤鬼
29 掘
30 項目
31 後輩
32 腐
33 沢
34 逃
35 維持
36 発汗
37 距離
38 玄関
39 惨敗
40 規範

41 大抵
42 鈍
43 製菓（製靴）
44 幾何
45 強肩
46 原稿
47 爆破
48 完膚
49 発端
50 圧倒
51 壱
52 監修
53 凶作
54 攻
55 刺
56 避

頻出度 B

書き取り ④

◆次の——線のカタカナを漢字に直せ。

□ 1 **タンセイ**込めてバラを育てる。
□ 2 **トウゲンキョウ**に遊ぶ心地だ。
□ 3 **カゲエ**遊びをする。
□ 4 趣味は音楽**カンショウ**です。
□ 5 **フキョウ**で店を閉じる。
□ 6 戦争で国が**ア**れはてる。
□ 7 **コ**い色の服が似合うと思うよ。
□ 8 **ビミョウ**な立場に置かれる。
□ 9 利根《とね》川の**ツツミ**で写生する。
□ 10 **トウゲ**の茶屋で一服する。
□ 11 **カイキン**賞の賞状をもらう。
□ 12 地理の授業で**チキュウギ**を使う。
□ 13 **トウケン**の不法所持で逮捕される。
□ 14 **ゼイコ**みの価格を表示する。
□ 15 歯科医で虫歯を**ヌ**いてもらう。
□ 16 世界を**ブタイ**に活躍する。
□ 17 荒地を**カイタク**して牧場を作った。
□ 18 理不尽な振る舞いに**イカ**る。
□ 19 失敗を**カク**す。
□ 20 医者の**スス**めでタンパク質をとる。
□ 21 犬が**クル**ったようにほえる。
□ 22 **ハンコウ**期の子どもは扱いにくい。
□ 23 合成**ジュシ**を加工する。
□ 24 **ツカ**れたので早く寝よう。

解答

1 丹精
2 桃源郷
3 影絵
4 鑑賞
5 不況
6 荒
7 濃
8 微妙
9 堤
10 峠
11 皆勤
12 地球儀
13 刀剣
14 税込
15 抜
16 舞台
17 開拓
18 怒
19 隠
20 勧
21 狂
22 反抗
23 樹脂
24 疲

□25 夕立が上がって**ス**んだ空が広がる。
□26 人形の頭と**ドウ**をつなげる。
□27 山の**オク**に寺院がある。
□28 **コウキ**ある伝統を受け継ごう。
□29 ネズミを**ゲキタイ**する。
□30 **ブンゴウ**の作品は読んでおこう。
□31 **ウス**味は体にいい。
□32 **テンプ**の才に恵まれる。
□33 **ツウゾク**的な考え方をする人だ。
□34 **ノウド**開放で自由の身となる。
□35 他人の**コウイ**を非難する。
□36 ドライヤーで髪を**カワ**かす。
□37 彼は映画界の**キョジン**と呼ばれた。
□38 合奏で**タイコ**を受け持つ。
□39 **サッチュウザイ**を庭にまく。
□40 暑さ寒さも**ヒガン**まで。

□41 **ショウチョウ**的な出来事だった。
□42 お寺で**セキトウ**をスケッチする。
□43 倒れないように**オ**さえておく。
□44 **キスウ**と偶数に分ける。
□45 来年度の予算に**ク**り入れる。
□46 ワインの**カオ**りをかぐ。
□47 締め切りが**セッパク**している。
□48 雄大な自然を**エガ**いた作品だ。
□49 時代に**ソク**した製品を開発する。
□50 **トノガタ**用のお手洗いはここです。
□51 親の**ケンイ**を示す。
□52 製品を**ヒカク**する。
□53 あの**オカ**まで登ろう。
□54 **シュトケン**の交通網を整備する。
□55 「**サイゲツ**人を待たず」が座右の銘だ。
□56 悪人に**テンバツ**が下る。

25 澄
26 胴
27 奥
28 光輝
29 撃退
30 文豪
31 薄
32 天賦
33 通俗
34 農奴
35 行為
36 乾
37 巨人
38 太鼓
39 殺虫剤
40 彼岸

41 象徴
42 石塔
43 押
44 奇数
45 繰
46 香
47 切迫
48 描
49 即
50 殿方
51 権威
52 比較
53 丘
54 首都圏
55 歳月
56 天罰

四字熟語 ①

◆次の□に漢字を入れ、四字熟語を完成させよ。

□ 1 □中楼閣〔現実性に欠けることのたとえ〕

□ 2 □志貫徹〔はじめの志を最後まで貫き通すこと〕

□ 3 薄志弱□〔意志が弱く行動力に欠けること〕

□ 4 意気衝□〔意気込みが大変盛んなこと〕

□ 5 公私□同〔社会人と個人の立場の区別がないこと〕

□ 6 前人□到〔過去にだれも到達していないこと〕

□ 7 老少不□〔人間の寿命は予知できないこと〕

□ 8 一所懸□〔真剣に物事に打ち込むさま〕

□ 9 時□尚早〔好機としては早すぎること〕

□ 10 大言□語〔実力以上の大げさな言葉〕

□ 11 要害堅□〔備えがかたいさま〕

□ 12 □既日食〔太陽が完全に月に隠される現象〕

□ 13 □行無常〔人生ははかないという仏教の思想〕

□ 14 文人墨□〔詩文や書画などに携わる芸術家〈人〉〕

□ 15 寛□大度〔心が広くて度量が大きいこと〕

□ 16 □進潔斎〔心身を清めけがれのない状態にすること〕

□ 17 □顔一笑〔表情をほころばせてにっこり笑うこと〕

□ 18 老□円熟〔経験を積み人格などが内容豊かになること〕

□ 19 玉□混交〔優れたものと劣ったものが混じっていること〕

□ 20 潜□意識〔心の奥に潜む無自覚な領域〕

□ 21 流言□語〔根拠のないでたらめなうわさ〕

□ 22 一陽来□〔悪運の後で幸運がめぐってくること〕

□ 23 四海□胞〔世界中の人々が仲がよいこと〕

□ 24 率先□範〔自ら進んで模範を示すこと〕

解答

1 空中楼閣 くうちゅうのろうかく
2 初志貫徹 しょしかんてつ
3 薄志弱行 はくしじゃっこう
4 意気衝天 いきしょうてん
5 公私混同 こうしこんどう
6 前人未到 ぜんじんみとう
7 老少不定 ろうしょうふじょう
8 一所懸命 いっしょけんめい
9 時期尚早 じきしょうそう
10 大言壮語 たいげんそうご
11 要害堅固 ようがいけんご
12 皆既日食 かいきにっしょく

13 諸行無常 しょぎょうむじょう
14 文人墨客 ぶんじんぼっかく
15 寛仁大度 かんじんたいど
16 精進潔斎 しょうじんけっさい
17 破顔一笑 はがんいっしょう
18 老成円熟 ろうせいえんじゅく
19 玉石混交 ぎょくせきこんこう
20 潜在意識 せんざいいしき
21 流言飛語 りゅうげんひご
22 一陽来復 いちようらいふく
23 四海同胞 しかいどうほう
24 率先垂範 そっせんすいはん

□ 25 無我□中〔物事に没頭して自他を忘れるさま〕

□ 26 温□知新〔昔の物事から新しい価値や意義を得ること〕

□ 27 笑□千万〔この上なくばかばかしいこと〕

□ 28 不偏不□〔かたよらず公平中立の立場に立つこと〕

□ 29 □内無双〔並ぶものがないほど優れていること〕

□ 30 主□転倒〔立場や順序などが逆転すること〕

□ 31 単□直入〔前置き抜きにいきなり本題に入ること〕

□ 32 累□同居〔幾代にもわたって同じ家に住むこと〕

□ 33 緩衝地□〔国々の衝突を避けるための中立な場所〕

□ 34 晴□雨読〔田園でのゆうゆう自適の暮らし〕

□ 35 面従□背〔服従するふりをして心は反抗していること〕

□ 36 意気□沈〔元気を失いしょげてしまうこと〕

□ 37 孤□落日〔昔の勢いを失い心細い様子〕

□ 38 酔生夢□〔何事も成さずに一生を終えること〕

□ 39 □鬼夜行〔多くの悪人がのさばりはびこること〕

□ 40 一□団結〔団体の意見や行動目標が一体化すること〕

□ 41 縦横無□〔思う存分ふるまう様子〕

□ 42 読書尚□〔書物を読んで昔の賢人を友とすること〕

□ 43 □隔操作〔離れたところから操ること〕

□ 44 自暴□棄〔すてばちでやけくそになること〕

□ 45 弾劾□判〔公の責任ある人の不正を追及すること〕

□ 46 □機応変〔時と場合により適切に対応すること〕

□ 47 □田引水〔自分に都合よく発言や行動をすること〕

□ 48 森羅万□〔宇宙に存在するすべてのもの〕

□ 49 本末転□〔根本とそうでないところを逆にすること〕

□ 50 衣冠束□〔昔の公家の礼装〕

□ 51 高論卓□〔すぐれた意見や議論〕

□ 52 深□幽谷〔人里はなれた静かな自然〕

□ 53 博覧強□〔書物に親しみ知識が豊富なこと〕

□ 54 一騎□千〔一人で千人を敵にできる実力があること〕

□ 55 失望□胆〔希望を失い非常にがっかりすること〕

□ 56 直□径行〔自分の思ったとおりにふるまうこと〕

25 無我夢中《むがむちゅう》

26 温故知新《おんこちしん》

27 笑止千万《しょうしせんばん》

28 不偏不党《ふへんふとう》

29 海内無双《かいだいむそう》

30 主客転倒《しゅかくてんとう（しゅきゃく）》

31 単刀直入《たんとうちょくにゅう》

32 累世同居《るいせいどうきょ》

33 緩衝地帯《かんしょうちたい》

34 晴耕雨読《せいこううどく》

35 面従腹背《めんじゅうふくはい》

36 意気消沈《いきしょうちん》

37 孤城落日《こじょうらくじつ》

38 酔生夢死《すいせいむし》

39 百鬼夜行《ひゃっきやこう（やぎょう）》

40 一致団結《いっちだんけつ》

41 縦横無尽《じゅうおうむじん》

42 読書尚友《どくしょしょうゆう》

43 遠隔操作《えんかくそうさ》

44 自暴自棄《じぼうじき》

45 弾劾裁判《だんがいさいばん》

46 臨機応変《りんきおうへん》

47 我田引水《がでんいんすい》

48 森羅万象《しんらばんしょう》

49 本末転倒《ほんまつてんとう》

50 衣冠束帯《いかんそくたい》

51 高論卓説《こうろんたくせつ》

52 深山幽谷《しんざんゆうこく》

53 博覧強記《はくらんきょうき》

54 一騎当千《いっきとうせん》

55 失望落胆《しつぼうらくたん》

56 直情径行《ちょくじょうけいこう》

頻出度 **B**

四字熟語 ②

◆次の□に漢字を入れ、四字熟語を完成させよ。

□ 1 千差□別〔種類や違いがさまざまなこと〕

□ 2 □魂漢才〔日本の精神と中国の学問の才を持つこと〕

□ 3 □刀直入〔前置き抜きにいきなり本題に入ること〕

□ 4 酔生□死〔何事も成さずに一生を終えること〕

□ 5 一挙□得〔一つのことで同時に二つの利益を得ること〕

□ 6 東奔□走〔四方八方を忙しく走りまわるさま〕

□ 7 愛別□苦〔愛する者と生別・死別するつらさ〕

□ 8 喜色□面〔うれしさが顔中にあふれるさま〕

□ 9 □語道断〔言葉で言い表せないほどひどいこと〕

□ 10 複雑怪□〔内容が込み入り不可解なこと〕

□ 11 累世同□〔幾代にもわたって同じ家に住むこと〕

□ 12 意気消□〔元気を失いしょげてしまうこと〕

□ 13 諸行無□〔人生ははかないという仏教の思想〕

□ 14 百□夜行〔多くの悪人がのさばりはびこること〕

□ 15 正□正銘〔うそ偽りがなく本物であること〕

□ 16 勢力伯□〔力が接近していて優劣がつけにくいこと〕

□ 17 □志弱行〔意志が弱く行動力に欠けること〕

□ 18 一所□命〔真剣に物事に打ち込むさま〕

□ 19 外郭□体〔官庁などと連携して活動する外部機関〕

□ 20 緩□自在〔速度などを自由に変化させ操ること〕

□ 21 海内□双〔並ぶものがないほど優れていること〕

□ 22 孤城□日〔昔の勢いを失い心細い様子〕

□ 23 諮□機関〔意見を求めるために編成されたしくみ〕

□ 24 大胆不□〔度胸があって何者も恐れないさま〕

解答

1 千差万別《せんさばんべつ》

2 和魂漢才《わこんかんさい》

3 単刀直入《たんとうちょくにゅう》

4 酔生夢死《すいせいむし》

5 一挙両得《いっきょりょうとく》

6 東奔西走《とうほんせいそう》

7 愛別離苦《あいべつりく》

8 喜色満面《きしょくまんめん》

9 言語道断《ごんごどうだん》

10 複雑怪奇《ふくざつかいき》

11 累世同居《るいせいどうきょ》

12 意気消沈《いきしょうちん》

13 諸行無常《しょぎょうむじょう》

14 百鬼夜行《ひゃっきやこう（やぎょう）》

15 正真正銘《しょうしんしょうめい》

16 勢力伯仲《せいりょくはくちゅう》

17 薄志弱行《はくしじゃっこう》

18 一所懸命《いっしょけんめい》

19 外郭団体《がいかくだんたい》

20 緩急自在《かんきゅうじざい》

21 海内無双《かいだいむそう》

22 孤城落日《こじょうらくじつ》

23 諮問機関《しもんきかん》

24 大胆不敵《だいたんふてき》

□ 25 一日□秋〔大変待ち遠しいことのたとえ〕

□ 26 軽挙妄□〔是非をわきまえず軽はずみに行動すること〕

□ 27 要害□固〔備えがかたいさま〕

□ 28 独□専行〔一人で勝手に決めて行動すること〕

□ 29 空中楼□〔現実性に欠けることのたとえ〕

□ 30 不老□寿〔いつまでも老いることなく生きること〕

□ 31 平身低□〔ひたすら恐縮してへりくだること〕

□ 32 感慨無□〔この上なく身にしみて感じること〕

□ 33 人材□出〔役立つ人物を世に送ること〕

□ 34 大言壮□〔実力以上の大げさな言葉〕

□ 35 門戸□放〔出入りなどの制限をなくすこと〕

□ 36 主客転□〔立場や順序などが逆転すること〕

□ 37 黒風□雨〔砂まじりの暴風に大粒の夕立ち〕

□ 38 □止千万〔この上なくばかばかしいこと〕

□ 39 水質□濁〔人為的な原因で水の性質が悪化すること〕

□ 40 有為□変〔この世ははかないというたとえ〕

□ 41 時期尚□〔好機としては早すぎること〕

□ 42 遠交近□〔遠国とは親しくし近国を攻めること〕

□ 43 大山□動〔騒いだわりに結果が小さいこと〕

□ 44 変幻自□〔思いのままにすばやく変化するさま〕

□ 45 熟□断行〔よく考え思い切って実行すること〕

□ 46 無罪□免〔無罪とわかった人を自由の身にすること〕

□ 47 □是非非〔公正に判断すること〕

□ 48 隔世□伝〔祖先の形質が二世代以降に現れる現象〕

□ 49 □後承諾〔物ごとが済んでから了承を得ること〕

□ 50 新□気鋭〔新しく登場して勢いが盛んなこと〕

□ 51 理□整然〔話や考えの筋道がよく通っているさま〕

□ 52 順□満帆〔物ごとが順調に進むさま〕

□ 53 白砂青□〔美しい海岸の景色〕

□ 54 心機一□〔気持ちがすっかり変わること〕

□ 55 □中模索〔手がかりがないままあれこれやってみること〕

□ 56 鶏口□後〔大国に従うより小国の王たるほうがよい〕

25 一日千秋《いちじつせんしゅう》

26 軽挙妄動《けいきょもうどう》

27 要害堅固《ようがいけんご》

28 独断専行《どくだんせんこう》

29 空中楼閣《くうちゅうのろうかく》

30 不老長寿《ふろうちょうじゅ》

31 平身低頭《へいしんていとう》

32 感慨無量《かんがいむりょう》

33 人材輩出《じんざいはいしゅつ》

34 大言壮語《たいげんそうご》

35 門戸開放《もんこかいほう》

36 主客《しゅかく（しゅきゃく）》転倒《てんとう》

37 黒風白雨《こくふうはくう》

38 笑止千万《しょうしせんばん》

39 水質汚濁《すいしつおだく》

40 有為転変《ういてんぺん》

41 時期尚早《じきしょうそう》

42 遠交近攻《えんこうきんこう》

43 大山鳴動《たいざんめいどう》

44 変幻自在《へんげんじざい》

45 熟慮断行《じゅくりょだんこう》

46 無罪放免《むざいほうめん》

47 是《ぜ》是《ぜ》(々)非《ひ》非《ひ》(々)

48 隔世遺伝《かくせいいでん》

49 事後承諾《じごしょうだく》

50 新進気鋭《しんしんきえい》

51 理路整然《りろせいぜん》

52 順風満帆《じゅんぷうまんぱん》

53 白砂《はくしゃ（はくさ）》青松《せいしょう》

54 心機一転《しんきいってん》

55 暗中模索《あんちゅうもさく》

56 鶏口牛後《けいこうぎゅうご》

頻出度 **B**

四字熟語 ③

◆次の□に漢字を入れ、四字熟語を完成させよ。

1 寛仁□度〔心が広くて度量がおおきいこと〕

2 精□潔斎〔心身を清めけがれのない状態にすること〕

3 破□一笑〔表情をほころばせてにっこり笑うこと〕

4 和魂□才〔日本の精神と中国の学問の才を持つこと〕

5 急□直下〔事態が急に変化して物事が解決すること〕

6 摂□政治〔平安時代に藤原《ふじわら》氏が確立した政治形態〕

7 力戦奮□〔力の限り努力すること〕

8 一□来復〔悪運の後で幸運がめぐってくること〕

9 四□同胞〔世界中の人々が仲がよいこと〕

10 率先垂□〔自ら進んで手本を示すこと〕

11 無□夢中〔物事に没頭して自他を忘れるさま〕

12 応急□置〔急場をしのぐための手当て〕

13 取□選択〔必要なものを取り不要なものをすてること〕

14 物価騰□〔物の値段が上がること〕

15 緩急自□〔速度などを自由に変化させ操ること〕

16 順風□帆〔物事が順調に進むさま〕

17 独断□行〔一人で勝手に決めて行動すること〕

18 老成円□〔経験を積み人格などが内容豊かになること〕

19 危□存亡〔生き残りをかけた瀬戸際〕

20 正当防□〔不当な侵害から身を守る加害行為〕

21 面□一新〔今までとは違う高い評価を得ること〕

22 □気阻喪〔気持ちや勢いがくじけ元気を失うこと〕

23 言語道□〔言葉で言い表せないほどひどいこと〕

24 勢力伯□〔力が接近していて優劣がつけにくいこと〕

解答

1 寛仁大度《かんじんたいど》

2 精進潔斎《しょうじんけっさい》

3 破顔一笑《はがんいっしょう》

4 和魂漢才《わこんかんさい》

5 急転直下《きゅうてんちょっか》

6 摂関政治《せっかんせいじ》

7 力戦奮闘《りきせんふんとう》

8 一陽来復《いちようらいふく》

9 四海同胞《しかいどうほう》

10 率先垂範《そっせんすいはん》

11 無我夢中《むがむちゅう》

12 応急処置《おうきゅうしょち》

13 取捨選択《しゅしゃせんたく》

14 物価騰貴《ぶっかとうき》

15 緩急自在《かんきゅうじざい》

16 順風満帆《じゅんぷうまんぱん》

17 独断専行《どくだんせんこう》

18 老成円熟《ろうせいえんじゅく》

19 危急存亡《ききゅうそんぼう》

20 正当防衛《せいとうぼうえい》

21 面目《めんもく(めんぼく)》一新《いっしん》

22 意気阻喪《いきそそう》

23 言語道断《ごんごどうだん》

24 勢力伯仲《せいりょくはくちゅう》

番号	問題	意味
40	一汁一□	〔質素な食事のたとえ〕
39	博□強記	〔書物に親しみ知識が豊富なこと〕
38	深山幽□	〔人里はなれた静かな自然〕
37	高□卓説	〔すぐれた意見や議論〕
36	衣冠□帯	〔昔の公家の礼装〕
35	放歌□吟	〔あたりかまわず大声で歌うこと〕
34	新進気□	〔新しく登場して勢いが盛んなこと〕
33	花鳥□月	〔自然の美しい景色や季節特有の事物〕
32	臨□応変	〔時と場合により適切に対応すること〕
31	□効裁判	〔公の責任ある人の不正を追及すること〕
30	自□自棄	〔すてばちでやけくそになること〕
29	遠隔□作	〔離れたところからあやつること〕
28	馬耳□風	〔人の言葉を聞き流すこと〕
27	周□徹底	〔周囲に広くしく渡るようにすること〕
26	意味□長	〔言葉などの意味に含みがあること〕
25	平身□頭	〔ひたすら恐縮してへりくだること〕
56	大器□成	〔大人物は往々にして遅れて頭角を現すこと〕
55	公□無私	〔かたよりなく個人的な都合に左右されないこと〕
54	意気□合	〔互いの考えなどがぴったりと合うこと〕
53	白砂□松	〔美しい海岸の景色〕
52	心□一転	〔気持ちがすっかり変わること〕
51	鶏□牛後	〔大国に従うより小国の王たるほうがよい〕
50	暗中□索	〔なにごともなくあれこれやってみること〕
49	平穏□事	〔なにごともなく穏やかなこと〕
48	職権濫□	〔職務上の権限を不当に行使すること〕
47	怪□乱神	〔超自然的な現象や事物のたとえ〕
46	理路整□	〔話や考えの筋道がよく通っているさま〕
45	大胆□敵	〔度胸があって何者も恐れないさま〕
44	事後□諾	〔物事が済んでから了解を得ること〕
43	有□転変	〔この世ははかないというたとえ〕
42	胆大□小	〔大胆でしかも細かな注意を払うこと〕
41	自画自□	〔自分で自分をほめること〕

解答

番号	解答	読み
40	一汁一菜	いちじゅういっさい
39	博覧強記	はくらんきょうき
38	深山幽谷	しんざんゆうこく
37	高論卓説	こうろんたくせつ
36	衣冠束帯	いかんそくたい
35	放歌高吟	ほうかこうぎん
34	新進気鋭	しんしんきえい
33	花鳥風月	かちょうふうげつ
32	臨機応変	りんきおうへん
31	弾劾裁判	だんがいさいばん
30	自暴自棄	じぼうじき
29	遠隔操作	えんかくそうさ
28	馬耳東風	ばじとうふう
27	周知徹底	しゅうちてってい
26	意味深長	いみしんちょう
25	平身低頭	へいしんていとう
56	大器晩成	たいきばんせい
55	公正無私	こうせいむし
54	意気投合	いきとうごう
53	白砂青松	はくしゃせいしょう
52	心機一転	しんきいってん
51	鶏口牛後	けいこうぎゅうご
50	暗中模索	あんちゅうもさく
49	平穏無事	へいおんぶじ
48	職権濫用	しょっけんらんよう
47	怪力乱神	かいりきらんしん
46	理路整然	りろせいぜん
45	大胆不敵	だいたんふてき
44	事後承諾	じごしょうだく
43	有為転変	ういてんぺん
42	胆大心小	たんだいしんしょう
41	自画自賛	じがじさん

送りがな ❶

◆次の——線のカタカナを漢字と送りがな（ひらがな）に直せ。

□ 1 **スミヤカニ**移動してください。
□ 2 内閣総辞職が**ホウジラレ**た。
□ 3 かわいい子猫を人手に**ワタス**。
□ 4 母の表情が突然**ケワシク**なった。
□ 5 人気歌手が芸能界を**シリゾク**。
□ 6 郷里を**ハナレ**て就職した。
□ 7 勉強を**シイル**ことはよくない。
□ 8 自分の欠点を**カエリミル**。
□ 9 男女で席を入れ**カワル**。
□ 10 男女の収入格差は**セバマル**傾向だ。
□ 11 頭からシャワーを**アビセル**。
□ 12 環境に**ナレル**のに時間がかかる。
□ 13 農薬を水に**トカス**。
□ 14 こつこつと貯金を**フヤス**。
□ 15 国民としての**ツトメ**をはたす。
□ 16 久しぶりに実家に**トマル**。
□ 17 犬が主人の命令に**サカラッ**た。
□ 18 少女が**ハズカシ**そうにほほ笑んだ。
□ 19 秋になると海辺は**サビシク**なる。
□ 20 あの人が欠席とは**メズラシイ**。
□ 21 父が突然**オコリ**出した。
□ 22 この物語は平安時代に**アラワサ**れた。
□ 23 **ヌカリ**なく事を運んだ。
□ 24 **オサナイ**時の写真が残っている。

解答

1 速やかに
2 報じられ
3 渡す
4 険しく
5 退く
6 離れ
7 強いる
8 省みる
9 替わる（代わる）
10 狭まる
11 浴びせる
12 慣れる
13 溶かす
14 殖やす（増やす）
15 務め
16 泊まる
17 逆らっ
18 恥ずかし
19 寂しく
20 珍しい
21 怒り
22 著さ
23 抜かり
24 幼い

□ 25 稼業で一家を**ササエル**。
□ 26 制作発表の場を**モウケル**。
□ 27 体調は**キワメ**て良好だ。
□ 28 **キタル**三日に運動会を開催します。
□ 29 乾期にはこの池の水は**カレル**。
□ 30 **オゴソカナ**結婚式がとり行われた。
□ 31 動物にも**ヤサシイ**態度で接する。
□ 32 公園で子供たちが**タワムレ**ていた。
□ 33 物事の本質を**キワメル**。
□ 34 店では金物を**アキナッ**ている。
□ 35 受賞を**カタク**辞退する。
□ 36 モチがのどに**ツマル**と危険だ。
□ 37 悲惨な光景に目を**ソムケル**。
□ 38 郵便局にお金を**アズケル**。
□ 39 **ヤワラカイ**毛布にくるまって眠る。
□ 40 **スコヤカニ**毎日を過ごす。

□ 41 無期懲役の**サバキ**を受ける。
□ 42 両者の意見には大きな**チガイ**がある。
□ 43 大雪のため開催を**アヤブム**。
□ 44 渋滞で二時間**オクレ**て到着した。
□ 45 刃先は**スルドク**とがっていた。
□ 46 夏祭りの会場は**サワガシイ**。
□ 47 海外で結婚式を**アゲル**。
□ 48 天災を予告して大衆を**マドワス**。
□ 49 唐の国に使者を**ツカワス**。
□ 50 仕上げにワインを数滴**タラス**。
□ 51 肝試しの幽霊に**フルエ**おののいた。
□ 52 春の**オトズレル**のが早かった。
□ 53 すいかを井戸水で**ヒヤス**。
□ 54 **ホガラカナ**笑顔に励まされた。
□ 55 突然**ワザワイ**を被った。
□ 56 楽団を**ヒキイ**て演奏会に臨む。

25 支える
26 設ける
27 極め
28 来る
29 枯れる
30 厳かな
31 優しい
32 戯れ
33 究める
34 商っ
35 固く
36 詰まる
37 背ける
38 預ける
39 柔らかい
40 健やかに

41 裁き
42 違い
43 危ぶむ
44 遅れ
45 鋭く
46 騒がしい
47 挙げる
48 惑わす
49 遣わす
50 垂らす
51 震え
52 訪れる
53 冷やす
54 朗らかな
55 災い
56 率い

頻出度

B

送りがな ❷

◆次の――線のカタカナを漢字と送りがな（ひらがな）に直せ。

□ 1 ゴミの投げ捨ては**ハズカシイ**行為だ。

□ 2 口は**ワザワイ**のもとだ。

□ 3 日用雑貨品を**アキナウ**。

□ 4 二つの道路が**マジワル**。

□ 5 彼は創造力に**スグレ**ている。

□ 6 **ツメタイ**空気が流れてきた。

□ 7 球は**ハヤイ**がコントロールが悪い。

□ 8 ご飯は**ムラス**とおいしくなる。

□ 9 新しい生活に**ナレル**のに苦労した。

□ 10 水に塩を**トカス**。

□ 11 赤ちゃんは**スコヤカニ**成長した。

□ 12 社長候補として三人の名を**アゲル**。

□ 13 道を照らすライトに**マドワサ**れた。

□ 14 彼は植物学を**キワメ**た。

□ 15 一族を**ヒキイ**て戦闘を仕掛けた。

□ 16 母はいつも**ホガラカダ**。

□ 17 子馬を親馬から**ハナス**。

□ 18 隣人との付き合いに気を**ツカウ**。

□ 19 犬がえさを見てよだれを**タラシ**た。

□ 20 横断歩道を急いで**ワタル**。

□ 21 父の期待に**ソムク**行動だ。

□ 22 友人の子供を**アズカル**。

□ 23 **ヤワラカイ**羽毛布団で寝る。

□ 24 旅行先で**アヤウク**事故を免れた。

解答

1 恥ずかしい
2 災い
3 商う
4 交わる
5 優れ
6 冷たい
7 速い
8 蒸らす
9 慣れる
10 溶かす
11 健やかに
12 挙げる
13 惑わさ
14 究め
15 率い
16 朗らかだ
17 離す
18 遣う
19 垂らし
20 渡る
21 背く
22 預かる
23 柔らかい
24 危うく

□ 25 母は仕事でいつも帰りが**オソイ**。

□ 26 仲人を**ツトメル**鈴木と申します。

□ 27 親切な**ハカライ**に頭が下がる。

□ 28 世間を**サワガセ**た事件だ。

□ 29 弟のわがままを**イマシメル**。

□ 30 寒さで体の**フルエ**が止まらない。

□ 31 退院できることは喜びの**キワミ**だ。

□ 32 休日は**モッパラ**園芸を楽しむ。

□ 33 大事な松の木を**カラシ**てしまう。

□ 34 桜の季節に古都を**タズネル**。

□ 35 ようやく意志が**カタマッ**た。

□ 36 子供が心の**ササエ**になっている。

□ 37 家族で食堂を**イトナム**。

□ 38 両親に**キビシク**育てられた。

□ 39 **オサナイ**時から英語を学ぶ。

□ 40 事実は報道とは**チガウ**ようだ。

□ 41 鉄棒を**サカサ**に持って一回転する。

□ 42 強い意志で誘惑を**シリゾケ**た。

□ 43 大型店の出店で商店街が**サビレ**た。

□ 44 ヒマラヤは**ケワシイ**山々が並ぶ。

□ 45 警察官が駐在所に**ツメル**。

□ 46 外国で**メズラシイ**果物を見つけた。

□ 47 相次ぐ事件に**イカリ**を覚える。

□ 48 親の恩に**ムクイル**機会を得る。

□ 49 帰化植物の勢力が**ツヨマッ**た。

□ 50 子供の失敗を**セメル**な。

□ 51 箱の中身を入れ**カエル**。

□ 52 トキを**フヤス**努力をしている。

□ 53 彼は**スルドイ**感覚の持ち主です。

□ 54 山間の**セマイ**土地に住んでいる。

□ 55 小鳥は水を**アビル**ことが好きだ。

□ 56 成績が**イチジルシク**向上した。

25 遅い
26 務める
27 計らい
28 騒がせ
29 戒める
30 震え
31 極み
32 専ら
33 枯らし
34 訪ねる
35 固まっ
36 支え
37 営む
38 厳しく
39 幼い
40 違う

41 逆さ
42 退け
43 寂れ
44 険しい
45 詰める
46 珍しい
47 怒り
48 報いる
49 強まっ
50 責める
51 替える
52 殖やす（増やす）
53 鋭い
54 狭い
55 浴びる
56 著しく

頻出度B

誤字訂正 1

◆次の文中にまちがって使われている同じ音訓の漢字が一字ある。正しい漢字を記せ。

□ 1 荒天の下での無謀な出漁は自兆すべきだ。
□ 2 教授の講儀が社会人に好評を博する。
□ 3 侵出時間が比較的長い紅茶を飲む。
□ 4 混乱した会議を中段して事態を収める。
□ 5 引退後は冬でも穏暖な避寒地で暮らす。
□ 6 局度の緊張で持病の胃痛が悪化する。
□ 7 選択肢の当てはまる綱目に丸を付けよ。
□ 8 同期入社の幾人かは縁雇採用らしい。
□ 9 激的な逆転本塁打で勝利を手中にした。
□ 10 無香料の制刊剤を選んで購入した。
□ 11 協議は一向に進典せずついに決裂した。
□ 12 庭園に繁藻する雑草が病害虫の原因だ。
□ 13 内儒拡大策が奏功し景気が上向く。
□ 14 執筆を以頼された小説が脱稿した。
□ 15 長期の海外遠政からの帰途に就いた。
□ 16 同窓会の監事を慰労して拍手を贈る。
□ 17 一流の華子職人を目指して修業を積む。
□ 18 交通遺児を援助するため寄富を募る。
□ 19 官吏として当用され未来を嘱望された。
□ 20 会費は一率五千円で事前に徴収した。
□ 21 華鈴な宮廷文化が花開いた地を訪れる。
□ 22 仕事に忙殺され部下の失敗を感過する。
□ 23 群雄割居する武将たちの伝記を読む。
□ 24 党派の意見徴整に奔走し腐心した。

解答

1 兆→重
2 儀→義
3 侵→浸
4 段→断
5 穏→温
6 局→極
7 綱→項
8 雇→故
9 激→劇
10 刊→汗
11 典→展
12 藻→茂
13 儒→需
14 以→依
15 政→征
16 監→幹
17 華→菓
18 富→付
19 当→登
20 率→律
21 鈴→麗
22 感→看
23 居→拠
24 徴→調

頻出度B

誤字訂正❶

□ 25 県境の峠を超え広域に及んで捜索する。

□ 26 太陽系の営星を天体望遠鏡で観察した。

□ 27 対戦前の顔合わせで厚い視線を交わす。

□ 28 英国製の高級車を月布払いで購入した。

□ 29 時代の跳流に乗り華々しく躍進する。

□ 30 王子の凸然の婚約発表が新聞に載った。

□ 31 新築の高層住宅の開き部屋を物色する。

□ 32 合成ではなく天然の着色料を添化した。

□ 33 日本の伝踏の障子が海外で人気を得る。

□ 34 風守に富んだ広大な庭園を設計する。

□ 35 吹雪が強まり二重遭難の危件が生じた。

□ 36 処女作の画調高い文章に驚嘆する。

□ 37 通信事業の国際的な競走が激化する。

□ 38 悪天候下で雪渓を重走中に遭難する。

□ 39 苦手な科目は機何学と中国古典だ。

□ 40 鍛え上げた男の胸は甲鉄の堅さだった。

□ 41 総会欠席予定者が依任状を提出した。

□ 42 盛大な式典で諸外国に勢力を鼓示する。

□ 43 議事録に記載の審議経化を目で追う。

□ 44 迎激ミサイルの破壊力を測定する。

□ 45 制服は個性の拡一化を象徴している。

□ 46 突然の受賞の報に感激よりも当枠した。

□ 47 形列の事業所に商品の回収を命じる。

□ 48 随所に圧感の場面を散りばめた映画だ。

□ 49 患者に慕われた婦長が彩血の担当だ。

□ 50 古い価値観に呼執せず発展を望む。

□ 51 観客の意票をつく奇抜な趣向の連続だ。

□ 52 犯人の恐行の動機は自身の借金だ。

□ 53 決勝戦を前に部員の結息を呼び掛ける。

□ 54 平和に貢献した違人列伝を執筆する。

□ 55 事件の要点を簡決にまとめ報告する。

□ 56 内戦激化で国連が急きょ軍事階入した。

25 超↓越
26 営↓衛
27 厚↓熱
28 布↓賦
29 跳↓潮
30 凸↓突
31 開↓空
32 化↓加
33 踏↓統
34 守↓趣
35 件↓険
36 画↓格
37 走↓争
38 重↓縦
39 機↓幾
40 甲↓鋼

41 依↓委
42 鼓↓誇
43 化↓過
44 激↓撃
45 拡↓画
46 枠↓惑
47 形↓系
48 感↓巻
49 彩↓採
50 呼↓固
51 票↓表
52 恐↓凶
53 息↓束
54 違↓偉
55 決↓潔
56 階↓介

頻出度 B

誤字訂正 ②

◆次の文中にまちがって使われている同じ音訓の漢字が一字ある。正しい漢字を記せ。

□ 1 野党は内閣の責任を国会で追求した。

□ 2 自説の推論に呼執し他を敵視する。

□ 3 光久平和を目指して核兵器廃止を訴える。

□ 4 医療の進歩で平均寿命が伸びた。

□ 5 幸福の釈度は個人の意識などで異なる。

□ 6 その地方一体は貴重な動植物の宝庫だ。

□ 7 大気悪染が徐々に改善されつつある。

□ 8 動物性脂防の過度な摂取は体に悪い。

□ 9 警察による連日の捜索も塗労に終わる。

□ 10 出演者らの折りなす人間模様を描く。

□ 11 港湾地帯では建物の造築が盛んだ。

□ 12 競号する各社の企画を見事に退けた。

□ 13 古代都市は奴零制によって支えられた。

□ 14 数々の小説を現し世に聞こえた文豪だ。

□ 15 恐悪な少年犯罪が連続して起きる。

□ 16 双方とも主張を譲らず会議は難交した。

□ 17 彼の破天荒な性格は称知で採用した。

□ 18 経済学者の鑑測では不況脱出は間近い。

□ 19 人工缶味料を含む飲食物を備蓄する。

□ 20 浮沈に富む撃的な一生の幕を閉じた。

□ 21 背任横領事件の契緯を詳細に報告する。

□ 22 町づくりの青写真を具対化する時だ。

□ 23 授業に映像を働入して生徒たちに見せる。

□ 24 悲惨な境遇に育ち悪事に手を初める。

解答

1	求→及	13	零→隷
2	呼→固	14	現→著
3	光→恒	15	恐→凶
4	伸→延	16	交→航
5	釈→尺	17	称→承
6	体→帯	18	鑑→観
7	悪→汚	19	缶→甘
8	防→肪	20	撃→劇
9	塗→徒	21	契→経
10	折→織	22	対→体
11	造→増	23	働→導
12	号→合	24	初→染

□ 25 苦手な英文解尺の試験勉強をする。

□ 26 辛刻な家庭争議に親族も巻き込まれた。

□ 27 お被岸の中日に先祖の墓参りに行く。

□ 28 雌紺の優勝旗を手に記念撮影をした。

□ 29 強欲な無頼漢が一味の守導権を握った。

□ 30 少年時代に帽険物語に夢中になる。

□ 31 その行為は法律に抵飾し罰せられる。

□ 32 総理は独自の外交方針を撃ち出した。

□ 33 司令官が占領国の統治を維任された。

□ 34 雲が切れ操縦士は滑繰路を確認できた。

□ 35 大峡谷を見下ろす絶形に歓声が上がる。

□ 36 上陸部隊には精鋭の思願兵が集まった。

□ 37 旅館の女将の無愛奏な応対に怒る。

□ 38 住民を交じえ海浜開発の研討会を開く。

□ 39 夢の実現までは博氷を踏む思いだった。

□ 40 人身事故により最終列車が致延する。

□ 41 同窓会の通知が届き青春を改顧した。

□ 42 案に相偉して連立政権の大敗北だった。

□ 43 偏差値は学力の層対的な判断材料だ。

□ 44 争論が最高潮に達し収集がつかない。

□ 45 大国の貿易制済は横暴と非難を浴びた。

□ 46 体育祭で二人三却の競走に出場した。

□ 47 一人暮らしは拘束されず自由で快的だ。

□ 48 前線が低滞して梅雨が長引きそうだ。

□ 49 財産の譲途に関する書類に署名する。

□ 50 英語の形容詞には比格級などがある。

□ 51 彼とは幼年時代から相見互いの間柄だ。

□ 52 本番を控え演儀の練習に余念がない。

□ 53 地道な努力が実り文壇で頭角を表した。

□ 54 湖昭地方を撮影した番組を放映する。

□ 55 社長に継ぐ実力者との呼び声が高い。

□ 56 貯金で念願の四輪区動車を購入する。

25 尺→釈
26 辛→深
27 被→彼
28 雌→紫
29 守→主
30 帽→冒
31 飾→触
32 撃→打
33 維→委
34 繰→走
35 形→景
36 思→志
37 奏→想
38 研→検
39 博→薄
40 致→遅

41 改→回
42 偉→違
43 層→相
44 集→拾
45 済→裁
46 却→脚
47 的→適
48 低→停
49 途→渡
50 格→較
51 見→身
52 儀→技
53 表→現
54 昭→沼
55 継→次
56 区→駆

頻出度 **B**

誤字訂正 ③

◆次の文中にまちがって使われている同じ音訓の漢字が一字ある。正しい漢字を記せ。

□ 1 格一的な教育は時に子供を追い詰める。

□ 2 過去の思い出を立ち切って再出発する。

□ 3 接戦に両校の生徒は厚い声援を送った。

□ 4 戸籍夫婦別性の件で真剣に論議する。

□ 5 宿舎に止まらずに終電で帰宅した。

□ 6 山岳部員が穂高《ほたか》連峰の重走を試みた。

□ 7 一流企業の継列会社に就職が決定した。

□ 8 別荘で休暇を過ごすため家を開ける。

□ 9 素人は事件解決のカギを観過しがちだ。

□ 10 あれは戦時中に建造された虚大空母だ。

□ 11 都航先の国の治安事情を調査する。

□ 12 謀略は水面下で慎張に工作された。

□ 13 最新の硬鉄製の起重機が搬入された。

□ 14 原生林は自然保護運動で伐栽を免《まぬか》れた。

□ 15 犬は視力を補う栄敏な耳と鼻を持つ。

□ 16 有能な派険社員として地道に働く。

□ 17 恐行現場の無惨な情景に身震いする。

□ 18 添化物の表示は消費者に必要な情報だ。

□ 19 殿中の一大事に家臣は結息を固めた。

□ 20 政治家は公適な立場を自覚すべきだ。

□ 21 努力が報われず途労に終わって無念だ。

□ 22 検察官が不正取引の証拠を奥収する。

□ 23 経営状態の悪化で自転車繰業となる。

□ 24 村人は縁雇を頼って集落を離れた。

解答

1 格↓画
2 立↓断
3 厚↓熱
4 性↓姓
5 止↓泊
6 重↓縦
7 継↓系
8 開↓空
9 観↓看
10 虚↓巨
11 都↓渡
12 張↓重
13 硬↓鋼
14 栽↓採
15 栄↓鋭
16 険↓遣
17 恐↓凶
18 化↓加
19 息↓束
20 適↓的
21 途↓徒
22 奥↓押
23 繰↓操
24 雇↓故

□ 25 某国の食料問題と水不足が深酷化する。

□ 26 新製品の洗材を使って汚れ落ちを試す。

□ 27 一族朗党をあげて新天地に移住した。

□ 28 運動会の徒競争に出場し三着だった。

□ 29 世界的に著名な教授の講議を受ける。

□ 30 実業家として成功する課程が興味深い。

□ 31 物語は圧鑑の大詰めに差し掛かった。

□ 32 あの後輩の寄行には今更驚かない。

□ 33 容疑者が不法浸入罪で別件逮捕される。

□ 34 穏暖な気候で農業に最適の地域だ。

□ 35 波浪注意報発令中の遊泳は危検だ。

□ 36 社員の志気は高く将来の転望は明るい。

□ 37 一夏の出来事が幼い時分の記億に残る。

□ 38 全力を掲注して博士論文を執筆する。

□ 39 局度に短いその詩形が俳句の特徴だ。

□ 40 新党の管事長に適材の苦労人である。

□ 41 格超高い家具と絵画に囲まれて暮らす。

□ 42 意評をついた解釈で話題の演出家だ。

□ 43 奈良《なら》時代、中国に遣塔使を送り込んだ。

□ 44 隠湿ないじめによる自殺報道が相次ぐ。

□ 45 私淑する書家の字は端冷かつ理知的だ。

□ 46 疑問の内容を貫潔に要領よく説明した。

□ 47 免許証の更新を忘れ再交布を願い出た。

□ 48 会員は一率に千円ずつ自己負担した。

□ 49 念願の諸国慢遊の旅で見聞を広める。

□ 50 強豪と対戦するため狂怖心を克服する。

□ 51 代理人が受け取る時は依任状が必要だ。

□ 52 南北の経済較差は世界的問題の一つだ。

□ 53 主役の登場で宴会は最高調に達した。

□ 54 現地に赴任後住民当録を変更した。

□ 55 間違えた架所は自宅で復習しておこう。

□ 56 神社仏閣の静弱な雰囲気が好きだ。

25 酷→刻
26 材→剤
27 朗→郎
28 争→走
29 議→義
30 課→過
31 鑑→巻
32 寄→奇
33 浸→侵
34 穏→温
35 検→険
36 転→展
37 億→憶
38 掲→傾
39 局→極
40 管→幹
41 超→調
42 評→表
43 塔→唐
44 隠→陰
45 冷→麗
46 貫→簡
47 布→付
48 率→律
49 慢→漫
50 狂→恐
51 依→委
52 較→格
53 調→潮
54 当→登
55 架→箇
56 弱→寂

頻出度 B

誤字訂正 4

◆次の文中にまちがって使われている同じ音訓の漢字が一字ある。正しい漢字を記せ。

□ 1 権威ある文学賞を授与され喜びの究みだ。
□ 2 知事の施政方針は具態策に欠けていた。
□ 3 入学手続きには保護者の紹諾が必要だ。
□ 4 翼を広げた白鳥が湖面を滑送した。
□ 5 火星探査機は気県を越えて地球に帰着した。
□ 6 育児に妨殺され慰安旅行を断念する。
□ 7 大衆に迎号する三文作家と酷評された。
□ 8 委員会の反対に遭い計画を再健討する。
□ 9 見晴らし抜群で南向きの快的な部屋だ。
□ 10 兄が主将を務める柔道部の応宴に行く。
□ 11 二人は旅先での出会いが演で結ばれた。
□ 12 技術改良で車体の娠動が減少した。
□ 13 現場は新技術の働入に奔走していた。
□ 14 新人俳優の堂々たる演戯に圧倒された。
□ 15 一般向けに最新科学の解説書を表す。
□ 16 第一次産業では後継者不足が辛刻だ。
□ 17 父の鋭響で絵画や音楽に興味を持つ。
□ 18 遠投での球の拒離を正確に計測する。
□ 19 新たな財源を確保する方針を討ち出す。
□ 20 登り詰めると眼前に大滝が姿を表した。
□ 21 恐布心を刺激する洋画や番組が増える。
□ 22 彼の生涯は破天候な冒険の連続だった。
□ 23 この縦走路は傾斜がきつく健却向きだ。
□ 24 店員は無愛奏だが低価格が魅力だ。

解答

1 究→極
2 態→体
3 紹→承
4 送→走
5 県→圏
6 妨→忙
7 号→合
8 健→検
9 的→適
10 宴→援
11 演→縁
12 娠→振
13 働→導
14 戯→技
15 表→著
16 辛→深
17 鋭→影
18 拒→距
19 討→打
20 表→現
21 布→怖
22 候→荒
23 却→脚
24 奏→想

□ 25 工芸技術を守り伝陶文化を受け継ぐ。

□ 26 総対性理論は量子力学の根幹と言える。

□ 27 行楽期の週末は臨時列車が造発される。

□ 28 才末大売り出しで特価品を買いあさる。

□ 29 祖母は洋楽や詩吟、民揺もたしなむ。

□ 30 一態は沼地で無数の危険が潜んでいる。

□ 31 乗組員ともども新造船の就行を祝う。

□ 32 開拓時代の農民は自ら悪党共を劇退した。

□ 33 赴任先の大学で名誉博士の証号を受ける。

□ 34 厳快態勢の中、犯人が包囲網を破る。

□ 35 人間の価値をはかる釈度は様々だ。

□ 36 港に程泊中の豪華客船を見学した。

□ 37 大気汚洗の影響で身体に異常をきたす。

□ 38 困った時は相見互いで助け合う。

□ 39 明治移新は日本の近代化の幕開けとなった。

□ 40 休日は寝坊して朝昼券用の食事をとる。

□ 41 ご当地案内を折り込んだ娯楽映画だ。

□ 42 篤思家の援助で幼稚園の存続が決まる。

□ 43 双方とも持説を首張して譲らなかった。

□ 44 郷土の変化と人口の増加に脅倒した。

□ 45 名演奏に聴衆から盛大な迫手が贈られた。

□ 46 政局が混乱し事態の収集がつかない。

□ 47 手術後の計過は極めて良好だった。

□ 48 事と至第によっては処刑も致し方ない。

□ 49 伝統的な古都の景間保護条例を定める。

□ 50 学者には縦軟な思考力が必要不可欠だ。

□ 51 祖父は社長を引退して楽陰居の身分だ。

□ 52 元首相の解顧録が話題を呼んでいる。

□ 53 家庭科で断った布の縫い方を教わる。

□ 54 近年は通勤距離が伸びる傾向にある。

□ 55 医領ミスによる患者の死亡事故が相次ぐ。

□ 56 親類の義礼的な祝辞に肩がこった。

25 陶↓統
26 総↓相
27 造↓増
28 才↓歳
29 揺↓謡
30 態↓帯
31 行↓航
32 劇↓撃
33 証↓称
34 快↓戒
35 釈↓尺
36 程↓停
37 洗↓染
38 見↓身
39 移↓維
40 券↓兼
41 折↓織
42 思↓志
43 首↓主
44 脅↓驚
45 迫↓拍
46 集↓拾
47 計↓経
48 至↓次
49 間↓観
50 縦↓柔
51 陰↓隠
52 解↓回
53 断↓裁
54 伸↓延
55 領↓療
56 義↓儀

頻出度 **B**

対義語・類義語 ①

◆ [　　] の中の語を必ず一度使って漢字に直し、対義語・類義語を記せ。

【対義語】

- □ 1 失望
- □ 2 例外
- □ 3 延長
- □ 4 借用
- □ 5 華美
- □ 6 束縛
- □ 7 悲哀
- □ 8 詳細
- □ 9 釈放
- □ 10 鎮静

しっそ　へんさい　かんき　こうふん　けんきょ
げんそく　かんりゃく　たんしゅく　きたい　かいほう

【類義語】

- □ 11 不審
- □ 12 推察
- □ 13 怠慢
- □ 14 刊行
- □ 15 殊勲
- □ 16 音信
- □ 17 才幹
- □ 18 末期
- □ 19 偽作
- □ 20 陰謀

りんじゅう　もぞう　りきりょう　しょうそく　ぎわく
さくりゃく　しゅっぱん　おうちゃく　こうみょう　おくそく

解答

1 期待　2 原則　3 短縮　4 返済　5 質素　6 解放　7 歓喜　8 簡略　9 検挙　10 興奮

11 疑惑　12 憶測　13 横着　14 出版　15 功名　16 消息　17 力量　18 臨終　19 模造　20 策略

【対義語】

- □ 21 虐待
- □ 22 膨脹
- □ 23 伐採
- □ 24 停滞
- □ 25 削除
- □ 26 粗略
- □ 27 豪華
- □ 28 模倣
- □ 29 人造
- □ 30 守備
- □ 31 幼稚
- □ 32 浪費
- □ 33 終了
- □ 34 反対

てんねん　しんてん
ていちょう　そうぞう
せつやく　しゅうしゅく
ろうれん　あいご
ひんじゃく　さんせい
しょくじゅ　ぞうほ
かいし　こうげき

【類義語】

- □ 35 落胆
- □ 36 措置
- □ 37 独占
- □ 38 了解
- □ 39 潤沢
- □ 40 弊風
- □ 41 過去
- □ 42 帰結
- □ 43 破棄
- □ 44 不和
- □ 45 心酔
- □ 46 披露
- □ 47 星霜
- □ 48 卓説

なっとく　かくしつ
あくしゅう　けっちゃく
ほうふ　しげん
おうじ　せんゆう
さいげつ　しょち
しつぼう　けいとう
かいしょう　こうかい

21 愛護　22 収縮　23 植樹　24 進展　25 増補　26 丁重　27 貧弱　28 創造　29 天然　30 攻撃　31 老練　32 節約　33 開始　34 賛成

35 失望　36 処置　37 専有　38 納得　39 豊富　40 悪習　41 往時　42 決着　43 解消　44 確執　45 傾倒　46 公開　47 歳月　48 至言

頻出度 B

対義語・類義語 ②

◆ □の中の語を必ず一度使って漢字に直し、対義語・類義語を記せ。

【対義語】

□ 1 簡単
□ 2 伸長
□ 3 興奮
□ 4 釈放
□ 5 穏健
□ 6 華美
□ 7 抽象
□ 8 虐待
□ 9 架空
□ 10 悲哀

しっそ　けんきょ　かんき　かげき　ちんせい
あいご　じつざい　たんしゅく　ふくざつ　ぐたい

【類義語】

□ 11 往時
□ 12 心痛
□ 13 決着
□ 14 消息
□ 15 臨終
□ 16 不穏
□ 17 賛成
□ 18 危篤
□ 19 殊勝
□ 20 折衝

まつご　かこ　じゅうたい　くのう　しんみょう
だんぱん　おんしん　きけつ　けんあく　どうい

解答

1 複雑	2 短縮	3 鎮静	4 検挙	5 過激	6 質素	7 具体	8 愛護	9 実在	10 歓喜
11 過去	12 苦悩	13 帰結	14 音信	15 末期	16 険悪	17 同意	18 重態	19 神妙	20 談判

【対義語】

□ 21 凝結
□ 22 伐採
□ 23 粗雑
□ 24 幼稚
□ 25 粗野
□ 26 削除
□ 27 均質
□ 28 天然
□ 29 強制
□ 30 豪華
□ 31 卑属
□ 32 偶然
□ 33 妨害
□ 34 期待

ろうれん　てんか
じんぞう　にんい
ひんじゃく　しょくじゅ
てんが　じょうはつ
きょうりょく　ひつぜん
せいみつ　ざった
そんぞく　しつぼう

【類義語】

□ 35 陳述
□ 36 支度
□ 37 官吏
□ 38 盛況
□ 39 示唆
□ 40 変遷
□ 41 治癒
□ 42 実直
□ 43 発祥
□ 44 頑健
□ 45 他界
□ 46 丹念
□ 47 勘案
□ 48 余剰

じゅんび　こうりょ
べんろん　あんじ
えんかく　やくにん
かいふく　えいみん
はんえい　きげん
こくめい　くっきょう
ざんぞん　りちぎ

21 蒸発
22 植樹
23 精密
24 老練
25 典雅
26 添加
27 雑多
28 人造
29 任意
30 貧弱
31 尊属
32 必然
33 協力
34 失望
35 弁論
36 準備
37 役人
38 繁栄
39 暗示
40 沿革
41 回復
42 律儀
43 起源
44 屈強
45 永眠
46 克明
47 考慮
48 残存

頻出度 B

対義語・類義語 ③

◆ [ ] の中の語を必ず一度使って漢字に直し、対義語・類義語を記せ。

【対義語】

□ 1 原則
□ 2 複雑
□ 3 架空
□ 4 舶来
□ 5 粗雑
□ 6 鎮静
□ 7 詳細
□ 8 抽象
□ 9 穏健
□ 10 借用

せいみつ
たいよ
れいがい
ぐたい
かげき
こうふん
こくさん
かんりゃく
かんたん
じつざい

【類義語】

□ 11 通暁
□ 12 憶測
□ 13 苦悩
□ 14 出版
□ 15 準備
□ 16 力量
□ 17 帰結
□ 18 辛酸
□ 19 負債
□ 20 受諾

こんく
しゃっきん
けっちゃく
さいかん
しょうち
じゅくち
すいさつ
したく
しんつう
かんこう

解答

1 例外
2 簡単
3 実在
4 国産
5 精密
6 興奮
7 簡略
8 具体
9 過激
10 貸与
11 熟知
12 推察
13 心痛
14 刊行
15 支度
16 才幹
17 決着
18 困苦
19 借金
20 承知

【対義語】

□21 粗略
□22 凝結
□23 停滞
□24 束縛
□25 浪費
□26 服従
□27 模倣
□28 雑多
□29 攻撃
□30 任意
□31 膨脹
□32 隆起
□33 虚構
□34 上昇

きんしつ　ちんこう
はんこう　どくそう
かいほう　きょうせい
しんてん　かこう
じょうはつ　しゅうしゅく
せつやく　ていちょう
ぼうぎょ　げんじつ

【類義語】

□35 克明
□36 専有
□37 幼稚
□38 律儀
□39 悠久
□40 詐取
□41 窮地
□42 開催
□43 策謀
□44 善戦
□45 奪取
□46 習慣
□47 逝去
□48 慶賀

じっちょく　しゅくふく
おうりょう　こうれい
えいえん　けんとう
こうりゃく　みじゅく
けいりゃく　どくせん
たんねん　きき
しぼう　きょこう

21 丁重
22 蒸発
23 進展
24 開放
25 節約
26 反抗
27 独創
28 均質
29 防御
30 強制
31 収縮
32 沈降
33 現実
34 下降

35 丹念
36 独占
37 未熟
38 実直
39 永遠
40 横領
41 危機
42 挙行
43 計略
44 健闘
45 攻略
46 恒例
47 死亡
48 祝福

頻出度 B

同音・同訓異字 ①

◆次の――線のカタカナにあてはまる漢字をそれぞれア～オから選び、記号で記せ。

□ 1 ごみの不法トウ棄を根絶する。
□ 2 一列に並んで集団トウ校する。
□ 3 株価は暴トウと暴落を繰り返した。
（ア投　イ騰　ウ登　エ棟　オ筒）

□ 4 特派員を海外に派ケンする。
□ 5 忠告はケン虚に受けとめる。
□ 6 医学の進歩のためにケン体する。
（ア献　イ賢　ウ謙　エ遣　オ肩）

□ 7 フ養家族が多い。
□ 8 倉庫をフ請する。
□ 9 失態は不問にフす。
（ア腐　イ普　ウ譜　エ付　オ扶）

□ 10 劇薬をシン重に取り扱う。
□ 11 病院でシン察してもらう。
□ 12 再シン請求は棄却された。
（ア審　イ慎　ウ診　エ紳　オ娠）

□ 13 試供品をハン布する。
□ 14 湖ハンを愛犬と散歩する。
□ 15 ハン雑な手続きを簡略化する。
（ア販　イ煩　ウ畔　エ頒　オ伴）

□ 16 会話から興味深い示サを得た。
□ 17 社長を補サして運営に当たる。
□ 18 旅行先でサ欺に遭った。
（ア詐　イ鎖　ウ佐　エ唆　オ茶）

解答

1 ア	2 ウ	3 イ
4 エ	5 ウ	6 ア
7 オ	8 イ	9 エ
10 イ	11 ウ	12 ア
13 エ	14 ウ	15 イ
16 エ	17 ウ	18 ア

□ 19 その女性には**ヒン**格が感じられた。
□ 20 友人とは**ヒン**繁に会っている。
□ 21 国**ヒン**として皇居に招かれた。
（ア浜　イ品　ウ頻　エ貧　オ賓）

□ 22 表**ショウ**台で観客に手を振る。
□ 23 映画で感**ショウ**的な気分に浸る。
□ 24 会談は暗**ショウ**に乗り上げた。
（ア衝　イ傷　ウ奨　エ礁　オ彰）

□ 25 生活に余**ユウ**がない。
□ 26 執行**ユウ**予の判決を受けた。
□ 27 祖母は**ユウ**愁の表情を浮かべた。
（ア憂　イ誘　ウ猶　エ裕　オ雄）

□ 28 心神**ソウ**失者を養護する。
□ 29 海にもぐって海**ソウ**を採る。
□ 30 番組の**ソウ**入歌を歌う。
（ア藻　イ挿　ウ喪　エ霜　オ窓）

□ 31 宮**テイ**で舞踏会が催された。
□ 32 彼は**テイ**淑な妻を裏切った。
□ 33 上客を料**テイ**で接待する。
（ア邸　イ呈　ウ廷　エ亭　オ貞）

□ 34 名画に深い**カン**銘を受ける。
□ 35 自分の行動を客**カン**的に見つめる。
□ 36 **カン**習に従って祭りを行う。
（ア慣　イ寛　ウ観　エ感　オ肝）

□ 37 **ユ**旨免職の処分を受ける。
□ 38 自然治**ユ**力を向上させる。
□ 39 **ユ**快な話に夢中になる。
（ア輸　イ愉　ウ油　エ諭　オ癒）

□ 40 交通規**セイ**を緩和する。
□ 41 開会式で選手宣**セイ**をする。
□ 42 物事は冷**セイ**に判断しなさい。
（ア逝　イ静　ウ斉　エ制　オ誓）

19	20	21	22	23	24	25	26	27	28	29	30
イ	ウ	オ	オ	イ	エ	エ	ウ	ア	ウ	ア	イ
31	32	33	34	35	36	37	38	39	40	41	42
ウ	オ	エ	エ	ウ	ア	エ	オ	イ	エ	オ	イ

頻出度 B

同音・同訓異字――②

◆次の――線のカタカナにあてはまる漢字をそれぞれア～オから選び、記号で記せ。

□ **1** 失火により工場が**エン**上した。

□ **2** 屋根に**エン**突を取り付ける。

□ **3** 山間部では野**エン**の害が多い。

（ア宴　イ炎　ウ煙　エ猿　オ援）

□ **4** 運転中、**スイ**魔に襲われた。

□ **5** 老人は**スイ**弱して発見された。

□ **6** 元**スイ**の称号を与えられた。

（ア粋　イ帥　ウ酔　エ睡　オ衰）

□ **7** 目撃者が事件の**ショウ**人になった。

□ **8** **ショウ**売が軌道に乗る。

□ **9** 高**ショウ**な趣味を自慢する。

（ア証　イ祥　ウ尚　エ商　オ詔）

□ **10** **リョウ**風が山荘を吹き抜けた。

□ **11** 学生時代は**リョウ**生活が長かった。

□ **12** 会社の同**リョウ**と旅行する。

（ア了　イ涼　ウ僚　エ稜　オ寮）

□ **13** **カン**古鳥が鳴くほどすいている。

□ **14** 台風で道路が**カン**没した。

□ **15** 過ちを**カン**忍してほしい。

（ア陥　イ堪　ウ款　エ閑　オ寛）

□ **16** 眼下の**チョウ**望に息を飲む。

□ **17** 祖父は有名な**チョウ**刻家でした。

□ **18** 叔父の死に**チョウ**電を打った。

（ア弔　イ聴　ウ眺　エ彫　オ超）

解答

1 イ　2 ウ　3 エ

4 エ　5 オ　6 イ

7 ア　8 エ　9 ウ

10 イ　11 オ　12 ウ

13 エ　14 ア　15 イ

16 ウ　17 エ　18 ア

□ 19 鼻を突く異**シュウ**が漂った。

□ 20 この冬は寒波が**シュウ**来しそうだ。

□ 21 死刑**シュウ**の無罪を確信している。

（ア舟　イ秀　ウ囚　エ襲　オ臭）

□ 22 税関で**マ**薬犬が活躍する。

□ 23 寒中水泳で心身を錬**マ**する。

□ 24 両国間の貿易**マ**擦を解消する。

（ア真　イ麻　ウ摩　エ磨　オ魔）

□ 25 食パンを一**キン**買った。

□ 26 自宅**キン**慎を命じられた。

□ 27 学園祭で木**キン**の合奏をした。

（ア菌　イ斤　ウ謹　エ勤　オ琴）

□ 28 父は製**テツ**業に従事している。

□ 29 汚職で政治家が更**テツ**された。

□ 30 **テツ**夜で受験勉強をする。

（ア哲　イ鉄　ウ撤　エ迭　オ徹）

□ 31 日本髪にかんざしを**サ**す。

□ 32 楽しい雰囲気に水を**サ**すな。

□ 33 蚊に**サ**された部分がはれてきた。

（ア差　イ裂　ウ挿　エ指　オ刺）

□ 34 女子大の**フ**属中学に進学する。

□ 35 我が家の系**フ**をさかのぼる。

□ 36 子供を**フ**養する義務がある。

（ア附　イ賦　ウ扶　エ符　オ譜）

□ 37 殺人犯は**コウ**首刑に処された。

□ 38 相手の主張に強**コウ**に反対する。

□ 39 都心部は車の**コウ**水だ。

（ア硬　イ溝　ウ洪　エ侯　オ絞）

□ 40 明治時代、廃**ハン**置県が行われた。

□ 41 師**ハン**代として道場を任せられる。

□ 42 無農薬野菜を主婦に**ハン**布する。

（ア伴　イ煩　ウ頒　エ藩　オ範）

19	20	21	22	23	24	25	26	27	28	29	30
オ	エ	ウ	イ	エ	ウ	イ	ウ	オ	イ	エ	オ

31	32	33	34	35	36	37	38	39	40	41	42
ウ	ア	オ	ア	オ	ウ	オ	ア	ウ	エ	オ	ウ

頻出度 **B**

同音・同訓異字 3

◆次の――線のカタカナにあてはまる漢字をそれぞれア～オから選び、記号で記せ。

- □ 1 バターを**リュウ**酸紙でくるむ。
- □ 2 肉食恐**リュウ**の化石を発見した。
- □ 3 新聞社に川**リュウ**を投稿する。

（ア粒　イ柳　ウ隆　エ竜　オ硫）

- □ 4 河の中**ス**に鳥がいた。
- □ 5 いわしの**ス**漬けを作る。
- □ 6 ツバメが古**ス**に戻ってきた。

（ア澄　イ酢　ウ擦　エ巣　オ州）

- □ 7 国王のご**セイ**去を悼む。
- □ 8 結婚式で**セイ**約書にサインした。
- □ 9 起立して校歌を**セイ**唱する。

（ア誓　イ牲　ウ逝　エ斉　オ征）

- □ 10 跡継ぎが決まりお家も安**タイ**だ。
- □ 11 カンガルーは有**タイ**類です。
- □ 12 パリに**タイ**在中の俳優と会った。

（ア逮　イ袋　ウ泰　エ滞　オ替）

- □ 13 路**ボウ**に咲く小さな花を見つけた。
- □ 14 外交交渉は**ボウ**頭から紛糾した。
- □ 15 彼は横**ボウ**な態度を反省した。

（ア暴　イ傍　ウ冒　エ剖　オ紡）

- □ 16 **シン**抱強いのが取り柄だ。
- □ 17 生物の**シン**化の過程を研究する。
- □ 18 主**シン**の判定に異をとなえる。

（ア進　イ心　ウ紳　エ審　オ辛）

解答

1 オ　2 エ　3 イ　4 オ　5 イ　6 エ　7 ウ　8 ア　9 エ

10 ウ　11 イ　12 エ　13 イ　14 ウ　15 ア　16 オ　17 ア　18 エ

□19 試験のため**テツ**夜で勉強した。
□20 線路上の障害物を**テツ**除する。
□21 外務大臣が更**テツ**された。
（ア迭　イ哲　ウ徹　エ鉄　オ撤）

□22 アレルギー疾**カン**で苦しんだ。
□23 強力な連合**カン**隊で海戦を制した。
□24 旬の竹の子で**カン**詰を作った。
（ア患　イ缶　ウ換　エ艦　オ貫）

□25 政府は景気の**フ**揚策を講じた。
□26 近代音楽の系**フ**を調べる。
□27 相互**フ**助の精神を大切にしよう。
（ア譜　イ浮　ウ赴　エ附　オ扶）

□28 会心の**サク**に一人悦に入る。
□29 読みたい本をパソコンで検**サク**する。
□30 国会で予算案を**サク**定する。
（ア作　イ錯　ウ削　エ索　オ策）

□31 上**トウ**式は雨で延期になった。
□32 封**トウ**に切手をはる。
□33 地価が著しく高**トウ**する。
（ア痘　イ筒　ウ闘　エ騰　オ棟）

□34 麻の開**キン**シャツを着る。
□35 館内は終日**キン**煙です。
□36 日**キン**で身銭を稼ぐ。
（ア襟　イ琴　ウ勤　エ謹　オ禁）

□37 **ヒン**困生活から抜け出したい。
□38 大統領を国**ヒン**としてお招きする。
□39 彼は**ヒン**繁に家出を繰り返した。
（ア浜　イ賓　ウ品　エ貧　オ頻）

□40 彼の態度に閉**コウ**した。
□41 仕事の**コウ**率が上がる。
□42 転属社員の**コウ**任を選ぶ。
（ア高　イ後　ウ衡　エ口　オ効）

19 ウ　20 オ　21 ア
22 ア　23 エ　24 イ
25 イ　26 ア　27 オ
28 ア　29 エ　30 オ
31 オ　32 イ　33 エ
34 ア　35 オ　36 ウ
37 エ　38 イ　39 オ
40 エ　41 オ　42 イ

頻出度 B

部首 ❶

◆次の漢字の部首を記せ。

□1 虚
□2 暮
□3 癒
□4 硝
□5 威
□6 荘
□7 懲
□8 南
□9 酌
□10 踈
□11 崎
□12 丘
□13 媒
□14 喜
□15 弊
□16 奨
□17 践
□18 騰
□19 朴
□20 患
□21 彰
□22 斜
□23 了
□24 睡

解答

1 虍
2 日
3 疒
4 石
5 女
6 艹
7 心
8 十
9 酉
10 足
11 山
12 一
13 女
14 口
15 廾
16 大
17 𧾷
18 馬
19 木
20 心
21 彡
22 斗
23 亅
24 目

頻出度B

部首 ❶

□ 25 碁	□ 26 韻	□ 27 衛	□ 28 悠	□ 29 禍	□ 30 肢	□ 31 叙	□ 32 弦
□ 33 累	□ 34 貢	□ 35 哀	□ 36 詐	□ 37 堪	□ 38 亜	□ 39 臭	□ 40 惰
□ 41 索	□ 42 銑	□ 43 唆	□ 44 渇	□ 45 匁	□ 46 僕	□ 47 融	□ 48 剰
□ 49 更	□ 50 栽	□ 51 黙	□ 52 浄	□ 53 拐	□ 54 稼	□ 55 蚕	□ 56 竜

25 石	26 音	27 行	28 心	29 礻	30 月	31 又	32 弓
33 糸	34 貝	35 口	36 言	37 土	38 二	39 自	40 忄
41 糸	42 金	43 口	44 氵	45 勹	46 亻	47 虫	48 刂
49 曰	50 木	51 黒	52 氵	53 扌	54 禾	55 虫	56 竜

頻出度 B

部首 ②

◆次の漢字の部首を記せ。

□ 1 宰
□ 2 桟
□ 3 誓
□ 4 渋
□ 5 抄
□ 6 典
□ 7 督
□ 8 殻
□ 9 織
□ 10 靴
□ 11 軟
□ 12 溝
□ 13 拷
□ 14 仙
□ 15 蚊
□ 16 刷
□ 17 繭
□ 18 賠
□ 19 唇
□ 20 野
□ 21 壌
□ 22 傑
□ 23 視
□ 24 剛

解答

1 宀
2 木
3 言
4 氵
5 扌
6 八
7 目
8 殳
9 糸
10 革
11 車
12 氵
13 扌
14 亻
15 虫
16 刂
17 糸
18 貝
19 口
20 里
21 土
22 亻
23 見
24 刂

□25 索
□26 賜
□27 含
□28 衷
□29 堕
□30 肌
□31 廉
□32 懐

□33 丙
□34 姻
□35 薫
□36 陥
□37 遍
□38 弊
□39 艇
□40 岬

□41 砕
□42 妥
□43 菌
□44 懸
□45 祥
□46 酪
□47 昼
□48 疫

□49 罷
□50 珠
□51 衡
□52 愁
□53 麗
□54 歳
□55 席
□56 閑

25 糸
26 貝
27 口
28 衣
29 土
30 月
31 广
32 忄

33 一
34 女
35 艹
36 阝
37 辶
38 廾
39 舟
40 山

41 石
42 女
43 艹
44 心
45 礻
46 酉
47 日
48 疒

49 罒
50 王
51 行
52 心
53 鹿
54 止
55 巾
56 門

頻出度
B
熟語の構成 1

◆熟語の構成のしかたには次のようなものがある。

ア 同じような意味の漢字を重ねたもの（例 絵画）
イ 反対または対応の意味を表す字を重ねたもの（例 善悪）
ウ 上の字が下の字を修飾しているもの（例 和食）
エ 下の字が上の字の目的語・補語になっているもの（例 読書）
オ 主語と述語の関係にあるもの（例 潮騒）
カ 上の字が下の字の意味を打ち消しているもの（例 不正）

次の熟語はそのどれにあたるか、記号を記せ。

□ 1 善良
□ 2 閉会
□ 3 棋譜
□ 4 樹木
□ 5 諾否
□ 6 不朽
□ 7 憂愁
□ 8 普及
□ 9 環礁
□ 10 柔軟
□ 11 疎密
□ 12 西暦
□ 13 枢要
□ 14 抜歯
□ 15 懐古

解答

1 ア どちらも「よい」の意
2 エ 「閉じる←会を」と解釈する
3 ウ 「碁・将棋の＋譜面」と解釈する
4 ア どちらも「木」の意
5 イ 「承諾」↔「拒否」の意
6 カ 「ない←朽ちることが」と解釈する
7 ア どちらも「うれう」の意
8 ウ 「広く＋行き渡る」と解釈する
9 ウ 「環状の＋サンゴ礁」と解釈する
10 ア どちらも「やわらかい」の意
11 イ 「疎い」↔「密な」の意
12 ウ 「西洋の＋暦」と解釈する
13 ア どちらも「かなめ」の意
14 エ 「抜く←歯を」と解釈する
15 エ 「なつかしがる←古いものを」と解釈する

□ 16 無双
□ 17 捜索
□ 18 報酬
□ 19 新人
□ 20 独酌
□ 21 越年
□ 22 婚姻
□ 23 宣誓
□ 24 扶養
□ 25 剰余
□ 26 添削
□ 27 威嚇
□ 28 攻守
□ 29 製菓
□ 30 晩成
□ 31 称賛
□ 32 堕落
□ 33 露顕
□ 34 減税
□ 35 人造
□ 36 難易
□ 37 述懐
□ 38 退居
□ 39 酪農
□ 40 軽重
□ 41 徐行
□ 42 銅貨
□ 43 借金
□ 44 租税
□ 45 厄年
□ 46 勤務
□ 47 沼沢
□ 48 着火

16 カ「ない↑並ぶものが二つと」と解釈する
17 ア どちらも「さがす」の意
18 ア どちらも「むくい」の意
19 ウ「新しい＋人」と解釈する
20 ウ「ひとりで＋酌をする」と解釈する
21 エ「越す↑年を」と解釈する
22 ア どちらも「縁組をする」の意
23 エ「述べる↑誓いを」と解釈する
24 ア どちらも「やしなう」の意
25 ア どちらも「あまる」の意
26 イ「加える」↕「削る」の意
27 ア どちらも「おどかす」の意
28 イ「攻める」↕「守る」の意
29 エ「作る↑菓子を」と解釈する
30 ウ「おそく＋できあがる」と解釈する
31 ア どちらも「たたえる」の意
32 ア どちらも「落ちぶれる」の意
33 ア どちらも「あらわれる」の意
34 エ「減らす↑税金を」と解釈する
35 オ「人が↓造る」と解釈する
36 イ「難しい」↕「易しい」の意
37 エ「述べる↑過去のことを」と解釈する
38 エ「退出する↑居を」と解釈する
39 ウ「乳製品などの＋農業」と解釈する
40 イ「軽い」↕「重い」の意
41 ウ「ゆっくりと＋行く」と解釈する
42 ウ「銅製の＋貨幣」と解釈する
43 エ「借りる↑金を」と解釈する
44 ア どちらも「税金」の意
45 ウ「災いの＋年」と解釈する
46 ア どちらも「つとめる」の意
47 ア どちらも「水をたたえるところ」の意
48 エ「着ける↑火を」と解釈する

頻出度 B

熟語の構成 ②

◆熟語の構成のしかたには次のようなものがある。

ア 同じような意味の漢字を重ねたもの（例 絵画）
イ 反対または対応の意味を表す字を重ねたもの（例 善悪）
ウ 上の字が下の字を修飾しているもの（例 和食）
エ 下の字が上の字の目的語・補語になっているもの（例 読書）
オ 主語と述語の関係にあるもの（例 潮騒）
カ 上の字が下の字の意味を打ち消しているもの（例 不正）

次の熟語はそのどれにあたるか、記号を記せ。

□ 1 贈答
□ 2 豊富
□ 3 虚実
□ 4 浄財
□ 5 縦横
□ 6 麗人
□ 7 漸増
□ 8 浮沈
□ 9 帰還
□ 10 授受
□ 11 大器
□ 12 雷鳴
□ 13 性善
□ 14 悲哀
□ 15 佳作

解答

1 イ「贈る」↔「お返しする」の意
2 ア どちらも「ゆたか」の意
3 イ「うそ」↔「真実」の意
4 ウ「けがれない＋お金」と解釈する
5 イ「縦」↔「横」の意
6 ウ「美しい＋人」と解釈する
7 ウ「だんだん＋増加する」と解釈する
8 イ「浮く」↔「沈む」の意
9 ア どちらも「かえる」の意
10 イ「授ける」↔「受ける」の意
11 ウ「大きな＋器量」と解釈する
12 オ「雷が↓鳴る」と解釈する
13 オ「本性が↓よい」と解釈する
14 ア どちらも「かなしい」の意
15 ウ「よくできた＋作品」と解釈する

□16 指名
□17 贈賄
□18 網羅
□19 進退
□20 脳波
□21 王妃
□22 参禅
□23 船舶
□24 分析
□25 新刊
□26 登校

□27 有無
□28 黒板
□29 精密
□30 優劣
□31 詔勅
□32 沖天
□33 赤字
□34 子犬
□35 崇仏
□36 白紙
□37 渉外

□38 未遂
□39 涼風
□40 血行
□41 伸縮
□42 独吟
□43 珠玉
□44 存廃
□45 貧乏
□46 屈伸
□47 小品
□48 定住

16 エ「指す←名を」と解釈する
17 エ「贈る←賄賂《わいろ》を」と解釈する
18 アどちらも「あみ＝残らず集める」の意
19 イ「進む」↔「退く」の意
20 ウ「脳の＋電流の波」と解釈する
21 ウ「王の＋妃」と解釈する
22 エ「行く←禅に」と解釈する
23 アどちらも「ふね」の意
24 アどちらも「分けて考える」の意
25 ウ「新しい＋刊行物」と解釈する
26 エ「行く←学校に」と解釈する

27 イ「有る」↔「無い」の意
28 ウ「黒い＋板」と解釈する
29 アどちらも「細かい」の意
30 イ「優れる」↔「劣る」の意
31 ア「どちらも「天皇のお言葉」の意
32 エ「高くのぼる←天に」と解釈する
33 ウ「赤い＝不足＋字」と解釈する
34 ウ「子どもの＋犬」と解釈する
35 エ「あがめる←仏を」と解釈する
36 ウ「白い＝何も書いてない＋紙」と解釈する
37 エ「交渉する←外部と」と解釈する

38 カ「まだできない←成し遂げることが」と解釈する
39 ウ「涼しい＋風」と解釈する
40 オ「血が→流れ行く」と解釈する
41 イ「伸びる」↔「縮む」の意
42 ウ「独りで＋吟じる」と解釈する
43 アどちらも「たま・すぐれたもの」の意
44 イ「存続」↔「廃止」の意
45 アどちらも「とぼしい」の意
46 イ「かがむ」↔「伸びる」の意
47 ウ「小さい＋品」と解釈する
48 ウ「一定の場所に＋住む」と解釈する

頻出度 B

漢字識別

◆三つの□に共通する漢字を［　］の中から選んで熟語を作り、記号で答えよ。

1 □証・虚□・□札

2 清□・不□・吉□

3 柔□・□禁・□化

4 □学金・□励・推□

5 度量□・均□・平□

ア 端　イ 到　ウ 衡　エ 擬　オ 奨
カ 犠　キ 偽　ク 軟　ケ 祥　コ 肖

---

6 新□・朝□・□明

7 派□・学□・門□

8 水□・□雪・□盛

9 □引・検□・模□

10 □細・化□・□毛

ア 索　イ 繊　ウ 斜　エ 闘　オ 践
カ 鮮　キ 泡　ク 薦　ケ 遷　コ 閥

解答

1 キ　2 ケ　3 ク　4 オ　5 ウ

6 カ　7 コ　8 キ　9 ア　10 イ

11 □製・□風・□育

12 出□・□放・□流

13 真□・宝□・□算

14 □魔・午□・□眠

15 鳥□花・□介・□体

16 □快・□悦・□楽

17 □足・□元・開□

ア 奔	イ 襲	ウ 珠	エ 勲	オ 媒
カ 朴	キ 睡	ク 培	ケ 諭	コ 謹
サ 愉	シ 琴	ス 襟	セ 推	ソ 薫

18 □土・□化・洗□

19 □協・□結・□当

20 □育・□養・□助

21 □雪・□火・□光

22 貞□・□女・□徳

23 □宅・豪□・公□

24 □意・□願・□談

ア 凍	イ 懇	ウ 凡	エ 浄	オ 妥
カ 邸	キ 淑	ク 譲	ケ 蛍	コ 剰
サ 堕	シ 駄	ス 附	セ 粛	ソ 扶

11 ソ　12 ア　13 ウ　14 キ　15 オ　16 サ　17 ス

18 エ　19 オ　20 ソ　21 ケ　22 キ　23 カ　24 イ

□ 25 □帯・苦□・□味

□ 26 □度・□発・□出

□ 27 □役・□罰・□悪

□ 28 □言・軽□・□辱

□ 29 □弱・老□・盛□

□ 30 □立・更□・□代

□ 31 □音・□光・□断

ア 極	カ 旋	サ 頻
イ 宰	キ 迭	シ 撤
ウ 寡	ク 眺	ス 衰
エ 懲	ケ 渋	セ 爵
オ 遮	コ 徹	ソ 侮

□ 32 別□・□厳・山□

□ 33 □正・奇□・□飾

□ 34 □約・宣□・□願

□ 35 □権・□者・制□

□ 36 水□・画□・□人

□ 37 □定・□諾・首□

□ 38 □民・□務・□事

ア 宵	カ 逝	サ 貢
イ 肯	キ 把	シ 矯
ウ 庶	ク 覇	ス 緒
エ 誓	ケ 繊	セ 荘
オ 挟	コ 仙	ソ 尚

25 ケ　26 サ　27 エ　28 ソ　29 ス　30 キ　31 オ

32 セ　33 シ　34 エ　35 ク　36 コ　37 イ　38 ウ

実力に差をつける
ダメオシ問題740

第3章

頻出度C ランク問題

- 読み……164
- 書き取り……170
- 四字熟語……176
- 誤字訂正……180
- 対義語・類義語……184
- 同音・同訓異字……188

頻出度 C

読み ❶

◆次の――線の読みをひらがなで記せ。

□ 1 **渓流**で釣りをする。

□ 2 **酢酸**は以前木材から作られていた。

□ 3 **銃口**を的に向ける。

□ 4 彼は**高尚**な趣味を持つ。

□ 5 **紳士**用の手洗いはどこでしょう。

□ 6 彼は**法曹**界のホープだ。

□ 7 実力**伯仲**の二選手の勝負となった。

□ 8 **窃盗**の容疑で逮捕された。

□ 9 綱渡りには**平衡**感覚が必要だ。

□ 10 **珠玉**の名曲集だ。

□ 11 **因循**姑息《こそく》なやり方を非難する。

□ 12 患者の胃を**洗浄**する。

□ 13 外国の**租界**地生まれだ。

□ 14 最近**謄写版**はあまり使われない。

□ 15 マツタケの**土瓶**蒸しをいただく。

□ 16 汽笛を鳴らして船は**桟橋**を離れた。

□ 17 **慶賀**に堪えません。

□ 18 **雨傘**を持っていったほうがいい。

□ 19 父母の兄弟を**伯叔**という。

□ 20 **不祥事**を起こし出場停止になった。

□ 21 犯人は鋭い**刃物**を持っていた。

□ 22 今年最初の**霜**が降りた。

□ 23 ここは大型の**船舶**も航行可能だ。

□ 24 **国璽**が押された親書を運ぶ。

解答

1 けいりゅう
2 さくさん
3 じゅうこう
4 こうしょう
5 しんし
6 ほうそう
7 はくちゅう
8 せっとう
9 へいこう
10 しゅぎょく
11 いんじゅん
12 せんじょう
13 そかい
14 とうしゃばん
15 どびん
16 さんばし
17 けいが
18 あまがさ
19 はくしゅく
20 ふしょうじ
21 はもの
22 しも
23 せんぱく
24 こくじ

□ 25 学校の**購買**部で消しゴムを買う。

□ 26 **囚人**のような生活だ。

□ 27 **庶務**課に配属になった。

□ 28 **土壌**改良を施す。

□ 29 友人の顔の**塑像**をつくる。

□ 30 気に入った**妊婦**服が見つからない。

□ 31 大阪《おおさか》の**造幣局**を訪れる。

□ 32 **朕**は国家なり。

□ 33 私は**肯定**も否定もしません。

□ 34 のびやかな**肢体**に見とれる。

□ 35 父は学習**塾**を経営している。

□ 36 **硝酸**を化合する。

□ 37 宿に戻って**熟睡**した。

□ 38 この辺りの土地は**坪**百万円だ。

□ 39 **鉢巻**きを締め直してがんばろう。

□ 40 **前途**洋々たる青年だ。

□ 41 **書斎**の机は桜材です。

□ 42 危険な仕事だけに**報酬**も多い。

□ 43 残念ながら**不肖**の息子です。

□ 44 日本でいちばん短い地名は**津**だ。

□ 45 箱根に**別荘**を買った。

□ 46 敵の城内に**忍**び込む。

□ 47 理科の授業でフナの**解剖**を行った。

□ 48 成績を**甲乙丙**で表示した。

□ 49 有力**諸侯**が集まって会議を開いた。

□ 50 大きめの**浴槽**を注文した。

□ 51 **准**看護婦として働いています。

□ 52 **座礁**した船から救助された。

□ 53 **鉛錘**で重さを量った。

□ 54 ここから**邸内**に侵入したらしい。

□ 55 政党の**派閥**争いが激化した。

□ 56 **棋界**の風雲児と呼ばれる。

25 こうばい
26 しゅうじん
27 しょむ
28 どじょう
29 そぞう
30 にんぷ
31 ぞうへいきょく
32 ちん
33 こうてい
34 したい
35 じゅく
36 しょうさん
37 じゅくすい
38 つぼ
39 はちま
40 ぜんと
41 しょさい
42 ほうしゅう
43 ふしょう
44 つ
45 べっそう
46 しの
47 かいぼう
48 こうおつへい
49 しょこう
50 よくそう
51 じゅん
52 ざしょう
53 えんすい
54 ていない
55 はばつ
56 きかい

頻出度 C

読み――②

◆次の――線の読みをひらがなで記せ。

□ 1 ご**同慶**の至りでございます。
□ 2 船が**桟橋**に着いた。
□ 3 東京の**叔母**の家に泊まる。
□ 4 江戸っ子は**宵越**しの銭は持たない。
□ 5 凶器は**刃渡**り二十センチの包丁だ。
□ 6 **浄化**槽の働きが悪い。
□ 7 **舶来**品が珍しがられた時代だ。
□ 8 衆議院の解散を命じる**詔書**だ。
□ 9 ベートーベンの**荘厳**ミサ曲が好きだ。
□ 10 生徒たちに**儒学**を講じる。
□ 11 **庶民**感覚からかなりずれている。
□ 12 今期は五万円の**剰余**金が出ました。
□ 13 プラスチックには**可塑**性がある。
□ 14 出家して**尼**になりたい。
□ 15 変造**貨幣**が出回っている。
□ 16 **洗濯**物が山のようにたまっている。
□ 17 俳句は**江戸**時代に発展した詩歌だ。
□ 18 解答を**選択肢**から選びなさい。
□ 19 **淑女**をエスコートして入場した。
□ 20 警察が**硝煙**反応を調べた。
□ 21 連合軍の**総帥**として指揮する。
□ 22 **坪庭**は日本人の知恵だ。
□ 23 **肌合**いの違う画家の作品もみたい。
□ 24 桜並木の**伐採**に反対する。

解答

1 どうけい
2 さんばし
3 おば
4 よいご
5 はわた
6 じょうか
7 はくらい
8 しょうしょ
9 そうごん
10 じゅがく
11 しょみん
12 じょうよ
13 かそ
14 あま
15 かへい
16 せんたく
17 えど
18 せんたくし
19 しゅくじょ
20 しょうえん
21 そうすい
22 つぼにわ
23 はだあ
24 ばっさい

頻出度C

読み 2

□ 25 ダイヤモンドは**金剛石**とも呼ばれる。

□ 26 案件は議論の**応酬**となった。

□ 27 戸籍**抄本**が一通必要だ。

□ 28 村が大**津波**にのみ込まれた。

□ 29 **壮大**な計画を実行に移す。

□ 30 こころならずも**忍従**の日々を送る。

□ 31 紫綬《しじゅ》**褒章**を授与された。

□ 32 **潜水艇**で海底への旅に出る。

□ 33 **王侯**貴族のように振る舞う。

□ 34 このあたりは**公爵**領だ。

□ 35 条約が**批准**される。

□ 36 功績をたたえて**顕彰**碑を建立する。

□ 37 父の希望で**書斎**は和室にした。

□ 38 注目の証人が**出廷**する。

□ 39 戦後**財閥**が解体された。

□ 40 冬山は**遭難**が多い。

□ 41 **酢**の物が好物です。

□ 42 においが**充満**している。

□ 43 出馬は時期**尚早**だ。

□ 44 口紅で**唇**を彩る。

□ 45 **重曹**は掃除にも使われる。

□ 46 庭で野菜を**栽培**する。

□ 47 この**杉**並木は大変有名だ。

□ 48 子牛の肉は**柔**らかい。

□ 49 **霜**焼けの子どもを見なくなった。

□ 50 **珠算**検定に合格する。

□ 51 ペテロはネロ皇帝によって**殉教**した。

□ 52 西方**浄土**にゆくことを望む。

□ 53 彼は**繊細**な感受性の持ち主だ。

□ 54 戸籍**謄本**の取得が必要だ。

□ 55 **王妃**として君臨する。

□ 56 今夕**閣僚**会議が開かれる。

25 こんごうせき
26 おうしゅう
27 しょうほん
28 つなみ
29 そうだい
30 にんじゅう
31 ほうしょう
32 せんすいてい
33 おうこう
34 こうしゃく
35 ひじゅん
36 けんしょう
37 しょさい
38 しゅってい
39 ざいばつ
40 そうなん
41 す
42 じゅうまん
43 しょうそう
44 くちびる
45 じゅうそう
46 さいばい
47 すぎ
48 やわ
49 しもや
50 しゅざん
51 じゅんきょう
52 じょうど
53 せんさい
54 とうほん
55 おうひ
56 かくりょう

頻出度 C

読み――③

◆次の――線の読みをひらがなで記せ。

□ 1 皇女が**斎宮**の地位についていた。

□ 2 目にゴミが入って**充血**する。

□ 3 **肖像**画から人となりを想像する。

□ 4 弟は**上唇**をなめる癖がある。

□ 5 新しいテーブルを**購入**する。

□ 6 シャーレで大腸菌を**培養**する。

□ 7 **質実剛健**な校風を誇る。

□ 8 **脱獄囚**が捕らえられた。

□ 9 子ども用に**抄訳**した本です。

□ 10 **豊壌**な土地が広がっている。

□ 11 富士山頂からの眺めは**壮観**だ。

□ 12 **妊娠**中は食べ物の好みが変わる。

□ 13 大火事で消防士が二名**殉職**した。

□ 14 事態は**暗礁**に乗り上げた。

□ 15 下着は**化繊**より綿が好きだ。

□ 16 建坪二百の**豪邸**に住む。

□ 17 **妃殿下**主催の茶会に招かれる。

□ 18 交響曲の**譜面**を買う。

□ 19 **私塾**を開いて後進の指導に当たる。

□ 20 **表彰式**に出席する。

□ 21 **睡眠**不足は健康を損なう。

□ 22 **宮廷**で舞踏会が催された。

□ 23 朝顔の**鉢**をベランダに移す。

□ 24 いなくなった犬を**捜**す。

解答

1 さいぐう
2 じゅうけつ
3 しょうぞう
4 うわくちびる
5 こうにゅう
6 ばいよう
7 しつじつごうけん
8 だつごくしゅう
9 しょうやく
10 ほうじょう
11 そうかん
12 にんしん
13 じゅんしょく
14 あんしょう
15 かせん
16 ごうてい
17 ひでんか
18 ふめん
19 しじゅく
20 ひょうしょうしき
21 すいみん
22 きゅうてい
23 はち
24 さが

□ 25 **画伯**としての才を認められる。
□ 26 入院前に**既往症**について聞かれた。
□ 27 **合従連衡**して事にあたる。
□ 28 韓国は**儒教**の影響を強く受けた。
□ 29 園内**循環**バスを利用する。
□ 30 自意識**過剰**な口ぶりだ。
□ 31 子どもにご**褒美**をあげた。
□ 32 わずか**半艇身**差で負けた。
□ 33 それは**首肯**しがたい意見だ。
□ 34 獣医により馬の**剖検**が行われた。
□ 35 野口英世に**私淑**している。
□ 36 オリエントは文明**発祥**の地だ。
□ 37 名将として知られた**元帥**だ。
□ 38 **洪積層**から出土した植物だ。
□ 39 **素肌**にじかにシャツを着た。
□ 40 その仕打ちはまるで**拷問**だ。

□ 41 **渓谷**でキャンプする。
□ 42 障子の**桟**のほこりをとる。
□ 43 何発もの**銃弾**を浴びる。
□ 44 **宵**の散歩を楽しむ。
□ 45 父は船場の**紳商**として知られた。
□ 46 新しい**水槽**を買った。
□ 47 かつては**男爵**家だった名門だ。
□ 48 強硬だった態度が**軟化**した。
□ 49 **洪水**警報が発令された。
□ 50 **霜柱**を踏みながらあぜ道を歩いた。
□ 51 税率は**租税**法で決まっている。
□ 52 ここは男子禁制の**尼寺**です。
□ 53 **花瓶**に生けた桜を鑑賞する。
□ 54 新しい**秩序**をうち立てる。
□ 55 **長江**を下る船に乗る。
□ 56 **番傘**を持つ人は少なくなった。

25 がはく
26 きおうしょう
27 がっしょうれんこう
28 じゅきょう
29 じゅんかん
30 かじょう
31 ほうび
32 はんていしん
33 しゅこう
34 ぼうけん
35 ししゅく
36 はっしょう
37 げんすい
38 こうせきそう
39 すはだ
40 ごうもん

41 けいこく
42 さん
43 じゅうだん
44 よい
45 しんしょう
46 すいそう
47 だんしゃく
48 なんか
49 こうずい
50 しもばしら
51 そぜい
52 あまでら
53 かびん
54 ちつじょ
55 ちょうこう
56 ばんがさ

頻出度 C

書き取り ①

◆次の――線のカタカナを漢字に直せ。

□ 1 心に**ヒ**めた思いを日記に書く。

□ 2 **ゴウジョウ**な息子に手を焼く。

□ 3 **フウライボウ**を気取って旅に出る。

□ 4 **ウデ**のいい職人は貴重だ。

□ 5 まんまと相手の**サクリャク**にはまる。

□ 6 自ら**ボケツ**を掘る結果となった。

□ 7 **ユエ**あってこの地に住む。

□ 8 建物の完成までには**ホドトオ**い。

□ 9 市の**エンカク**を図書館で調べた。

□ 10 性格まで**ソウジ**している姉妹だ。

□ 11 直ちに**カダン**な処置をとった。

□ 12 今までの努力も**トロウ**に終わった。

□ 13 民権運動を**テイショウ**した人物だ。

□ 14 **キムズカ**しい表情を浮かべる。

□ 15 **テイサイ**をつくろうことに終始した。

□ 16 古くからの**カンシュウ**に反発する。

□ 17 委員会は**テイコク**通りに始まった。

□ 18 骨とう品に**ガンシキ**がある。

□ 19 機械を**ソウジュウ**するのが得意だ。

□ 20 日本史を**タンボウ**する旅に出る。

□ 21 **チカヨ**って話を聞く。

□ 22 肉を食べ過ぎて**ムネヤ**けがする。

□ 23 **ダンリュウ**に乗って魚の群れが来た。

□ 24 民主主義の**コンカン**を成す思想だ。

解答

1 秘
2 強情
3 風来坊
4 腕
5 策略
6 墓穴
7 故
8 程遠
9 沿革
10 相似
11 果断
12 徒労
13 提唱
14 気難
15 体裁
16 慣習
17 定刻
18 眼識
19 操縦
20 探訪
21 近寄
22 胸焼
23 暖流
24 根幹

□ 25 土を**ハラ**って立ち上がった。

□ 26 大志を**イダ**く。

□ 27 修行で**ソウボウ**に寝泊まりする。

□ 28 **ワンパク**盛りの子どもだ。

□ 29 社内の人事を**サッシン**する。

□ 30 黙るのが**トクサク**と考えた。

□ 31 **リョウイキ**を守って漁業をする。

□ 32 終わったはずの議論を**ム**し返す。

□ 33 ピアノの**エンソウ**を聴きに行く。

□ 34 高名な作曲家に**デシ**入りした。

□ 35 **キョヨウ**の範囲を超えている。

□ 36 羊の群れを**マキバ**に放す。

□ 37 予想外の問題が**ハセイ**した。

□ 38 事実を**コイ**にゆがめて発表する。

□ 39 正月に**ハゴイタ**を買ってもらった。

□ 40 工場の**キボ**を拡大する。

□ 41 申請して**トッキョ**権を得た。

□ 42 会社の将来性に**ギネン**を持つ。

□ 43 舞台**ソウチ**を組み立てる。

□ 44 この地方は**コクルイ**の生産が盛んだ。

□ 45 珍しい植物を**サイシュ**した。

□ 46 勝手に決めるとは**オウボウ**だ。

□ 47 薬は**ユザ**ましで飲んだほうがいい。

□ 48 気力の**ゲンカイ**を感じて引退する。

□ 49 古代の**ヘキガ**が発掘された。

□ 50 山の**ミネ**から冷気が降りてきた。

□ 51 **ボウカン**者的な態度をとる。

□ 52 動物の進化の**カテイ**を研究する。

□ 53 無職では**ソウバン**困るだろう。

□ 54 内容があまりにも**ヒンジャク**だ。

□ 55 輸血のために血液を**ト**る。

□ 56 次から次へと**ワザワ**いに見舞われる。

25 払
26 抱
27 僧坊（僧房）
28 腕白
29 刷新
30 得策
31 領域
32 蒸
33 演奏
34 弟子
35 許容
36 牧場
37 派生
38 故意
39 羽子板
40 規模
41 特許
42 疑念
43 装置
44 穀類
45 採取
46 横暴
47 湯冷
48 限界
49 壁画
50 峰
51 傍観
52 過程
53 早晩
54 貧弱
55 採
56 災

頻出度 C

書き取り ②

◆次の――線のカタカナを漢字に直せ。

□ 1 赤ちゃんを**ダ**かせてもらう。
□ 2 帰る車に**ビンジョウ**させてもらう。
□ 3 君の**ジュンシン**さがうらやましい。
□ 4 人類の文化**イサン**を後世に残す。
□ 5 祖母の**リンジュウ**に立ち合った。
□ 6 けんかの**スケダチ**に飛び出す。
□ 7 無実は信じるが**リッショウ**は難しい。
□ 8 工場を**ジュウラン**させてもらう。
□ 9 他人のことは考えず**リコ**主義を通す。
□ 10 台風の影響で交通が**コンラン**した。
□ 11 おいしさで**ヒョウバン**の店です。
□ 12 **シンピ**的な音楽を奏でる。
□ 13 ビル建設で**ケイカン**が台無しだ。
□ 14 隠れた才能が**メザ**める。
□ 15 **タビジ**の思い出に絵はがきを買った。
□ 16 世界平和を**ハタジルシ**に掲げて集う。
□ 17 工事中は仮**テンポ**においでください。
□ 18 警官が銃を**ハッポウ**する。
□ 19 友人の努力に**ダツボウ**する。
□ 20 **カブヌシ**総会に出席する。
□ 21 資金の**テイキョウ**で事業に協力する。
□ 22 母の愛情に**マサ**るものはない。
□ 23 楽しかった思い出が**ノウリ**に浮かぶ。
□ 24 国から県へ業務が**イカン**された。

解答

1 抱
2 便乗
3 純真
4 遺産
5 臨終
6 助太刀
7 立証
8 縦覧
9 利己
10 混乱
11 評判
12 神秘
13 景観
14 目覚
15 旅路
16 旗印
17 店舗
18 発砲
19 脱帽
20 株主
21 提供
22 勝
23 脳裏
24 移管

□ 25 新聞で**コンメイ**する政局を報じる。

□ 26 母に**ルス**番をたのまれた。

□ 27 茶道の**ソウケ**の長男として生まれる。

□ 28 資源の**キョウキュウ**が期待される。

□ 29 親からの**カダイ**な期待が重荷だ。

□ 30 彼女の**センレン**された感覚を見習う。

□ 31 **オウジ**をしのんで集まった。

□ 32 人口の**スイイ**をグラフにする。

□ 33 候補者の**エンゼツ**に耳を傾ける。

□ 34 入会の**ジョウケン**を調べる。

□ 35 市民団体の抗議に**キョウメイ**する。

□ 36 体重が増えると足に**フタン**がかかる。

□ 37 酒徒に**テイヒョウ**のある銘酒だ。

□ 38 議会は激しい**ロンセン**となった。

□ 39 寒くなり**アツデ**のシャツを着込んだ。

□ 40 先輩の話はとても**ユウエキ**だった。

□ 41 **カベ**にお気に入りの絵をかける。

□ 42 立山《たてやま》**レンポウ**を遠くにのぞむ。

□ 43 「**ロボウ**の石」は山本有三《ゆうぞう》の作品だ。

□ 44 公金**オウリョウ**の事実が発覚した。

□ 45 機械の**ソウサ**技術が発達する。

□ 46 世間からの**ヒハン**をかわす。

□ 47 **チョメイ**な作家の作品を読む。

□ 48 聞き苦しい言い**ワケ**はするな。

□ 49 結局は**キジョウ**の空論で終わる。

□ 50 経験を積んですっかり**バナ**れした。

□ 51 **シオドキ**を見て話すつもりだ。

□ 52 まぎらわしい**ルイジ**品が出回る。

□ 53 例は**マイキョ**にいとまがない。

□ 54 先進国**シュノウ**会談が開かれた。

□ 55 本物そっくりの**モゾウ**品に注意する。

□ 56 仏法の**ゴジ**がこの寺の使命だ。

25 混迷
26 留守
27 宗家
28 供給
29 過大
30 洗練
31 往時
32 推移
33 演説
34 条件
35 共鳴
36 負担
37 定評
38 論戦
39 厚手
40 有益

41 壁
42 連峰
43 路傍
44 横領
45 操作
46 批判
47 著名
48 訳
49 机上
50 場慣
51 潮時
52 類似
53 枚挙
54 首脳
55 模造
56 護持

頻出度 C

書き取り ③

◆次の——線のカタカナを漢字に直せ。

□ 1 **テサ**げ袋に品物を入れる。

□ 2 電話の**コショウ**で連絡がとれない。

□ 3 品物を**コヅツミ**にして送った。

□ 4 **サカダ**ちして歩くことは難しい。

□ 5 学術的に**ネウ**ちの高い文献だ。

□ 6 **ネンリョウ**を確保して寒さに備える。

□ 7 情報の**デンタツ**を速やかに行う。

□ 8 縁起のいい**タカラブネ**の夢を見た。

□ 9 塾の月謝を**ハラ**う。

□ 10 将来の**ホウフ**を語り合う。

□ 11 バターは動物性**シボウ**だ。

□ 12 **カタコト**の英語がなんとか通じた。

□ 13 **シュウチ**の事実をあえて発表した。

□ 14 実力を**ハッキ**して大いに活躍する。

□ 15 **カンショウ**的な思いにとらわれる。

□ 16 諸外国を**レキホウ**する。

□ 17 **カッコ**たる信念をもって発言する。

□ 18 成績と**ナイシン**書で合否を下す。

□ 19 あの教授の**コウギ**は内容が濃い。

□ 20 花**モヨウ**のブラウスを買った。

□ 21 日照りで沼地が**ヒワ**れる。

□ 22 **コック**勉励して今の地位を築く。

□ 23 古い建物の**ホシュウ**工事をする。

□ 24 **ケンシキ**が高い人物の意見を聞く。

解答

1 手提	2 故障	3 小包	4 逆立	5 値打	6 燃料	7 伝達	8 宝船	9 払	10 抱負	11 脂肪	12 片言
13 周知	14 発揮	15 感傷	16 歴訪	17 確固	18 内申	19 講義	20 模様	21 干割	22 刻苦	23 補修	24 見識

頻出度C

書き取り―❸

□ 25 たとえ**ヒノベ**しても事は解決しない。

□ 26 身の**ケッパク**を法廷で訴える。

□ 27 人生の師として**ケイフク**している。

□ 28 打ち解けた雰囲気で**ダンショウ**する。

□ 29 昆虫の**ヒョウホン**を作った。

□ 30 **サトウ**を入れて甘くする。

□ 31 結果が出るまで回答は**ホリュウ**だ。

□ 32 **シュクメイ**のライバルと対戦する。

□ 33 この辺りの道は**ホソウ**されていない。

□ 34 内乱の**ホウカ**の中を逃げまどう。

□ 35 暑いので**ボウシ**をかぶっていこう。

□ 36 敵の計略を事前に**カンパ**する。

□ 37 研究はまだまだ**テサグ**りの段階だ。

□ 38 期待に沿えなくて**メンボク**ない。

□ 39 勇気を**フル**い起こして立ち向かった。

□ 40 **エガオ**のすてきな女性と結婚する。

□ 41 ひよこは雌と雄の**シキベツ**が難しい。

□ 42 乗客の**イシツ**物を駅で保管する。

□ 43 **テキセイ**な価格で品物を売る。

□ 44 農家で**シエキ**用の馬を飼う。

□ 45 **カンレイ**に従って役員を決定した。

□ 46 貴族に代わり武士が**タイトウ**した。

□ 47 地域の行事で**カセツ**のテントを使う。

□ 48 専門家を**タイドウ**して訪米する。

□ 49 物品に対する**カゼイ**額を検討する。

□ 50 前例にない**カタヤブ**りな発想だ。

□ 51 レモンの**ワギ**りを紅茶に浮かべる。

□ 52 五輪選手に選ばれれば**ホンモウ**だ。

□ 53 **エンゲキ**を見て楽しむ。

□ 54 **モケイ**の飛行機を飾る。

□ 55 **キュウシキ**の発電機を使っている。

□ 56 大失言をして**ヒラアヤマ**りした。

25 日延	26 潔白	27 敬服	28 談笑	29 標本	30 砂糖	31 保留	32 宿命
33 舗装	34 砲火	35 帽子	36 看破	37 手探	38 面目	39 奮	40 笑顔
41 識別	42 遺失	43 適正	44 使役	45 慣例	46 台頭	47 仮設	48 帯同
49 課税	50 型破	51 輪切	52 本望	53 演劇	54 模型	55 旧式	56 平謝

◆次の□に漢字を入れ、四字熟語を完成させよ。

1 完全□欠 〔どこから見ても欠点がないこと〕

2 □楽浄土 〔仏教で阿弥陀仏(あみだぶつ)がいる安楽の世界〕

3 盛衰□亡 〔盛んなものが衰え滅びること〕

4 □論風発 〔盛んに話し合い議論すること〕

5 富貴利□ 〔富んで位が高くなること〕

6 夜□自大 〔実力もないのに尊大なたとえ〕

7 □魂洋才 〔日本の精神と西洋の学問の才を持つこと〕

8 意□心猿 〔煩悩のため心が落ち着かないたとえ〕

9 金科□条 〔いちばん大切な決まりや法律〕

10 春宵一□ 〔春の夜は趣深く価値があるということ〕

11 大喝□声 〔大声でどなりつけること〕

12 □代随一 〔その時代のいちばんであること〕

13 無理算□ 〔苦心して必要なお金を用意すること〕

14 流言浮□ 〔根拠のないいいかげんなうわさ〕

15 音□朗朗 〔声がよく通り豊かに響くさま〕

16 高材疾□ 〔才能と手腕に恵まれていること〕

17 身体□膚 〔からだ全体〕

18 暖□飽食 〔物質的に満ち足りた生活〕

19 百家□鳴 〔さまざまな立場の人が自由に議論すること〕

20 門戸□放 〔出入りなどの制限をなくすこと〕

21 論□明快 〔議論の要点がわかりやすいこと〕

22 一□落着 〔物事が解決すること〕

23 挙措□作 〔日常の立ち居振る舞い〕

24 遮二□二 〔がむしゃらに〕

解答

1 完全無欠 かんぜんむけつ
2 極楽浄土 ごくらくじょうど
3 盛衰興亡 せいすいこうぼう
4 談論風発 だんろんふうはつ
5 富貴利達 ふうきりたつ
6 夜郎自大 やろうじだい
7 和魂洋才 わこんようさい
8 意馬心猿 いばしんえん
9 金科玉条 きんかぎょくじょう
10 春宵一刻 しゅんしょういっこく
11 大喝一声 たいかついっせい
12 当代随一 とうだいずいいち

13 無理算段 むりさんだん
14 流言浮説 りゅうげんふせつ
15 音吐朗朗(々) おんとろうろう
16 高材疾足 こうざいしっそく
17 身体髪膚 しんたいはっぷ
18 暖衣飽食 だんいほうしょく
19 百家争鳴 ひゃっかそうめい
20 門戸開放 もんこかいほう
21 論旨明快 ろんしめいかい
22 一件落着 いっけんらくちゃく
23 挙措動作 きょそどうさ

□ 25 速戦□決〔一気に決着をつけること〕
□ 26 同工異□〔見かけはともかく内容は同じこと〕
□ 27 扶□家族〔世話をしてやしなう家族〕
□ 28 利害□失〔利益になることとそうでないこと〕
□ 29 □命息災〔命をのばして無事でいること〕
□ 30 空前□後〔きわめて珍しいこと〕
□ 31 一□不通〔読み書きができないこと〕
□ 32 大同小□〔似たり寄ったりなこと〕
□ 33 万代不□〔永久に変わらないこと〕
□ 34 迷□千万〔たいへんにめいわくなこと〕
□ 35 □徹無情〔思いやりがなくむごい様子〕
□ 36 一部□終〔物事の初めから終わりまでの全部〕
□ 37 □味津津〔非常に関心があること〕
□ 38 事実無□〔事実に基づいていないこと〕
□ 39 前代□聞〔過去に聞いたことがないような変わったこと〕
□ 40 低唱□吟〔小さな声でしんみりと歌うこと〕

□ 41 □事平穏〔変わったことがなく静かなこと〕
□ 42 油断大□〔注意を怠れば失敗を招くという戒め〕
□ 43 羽化□仙〔酒を飲むなどしてよい心持ちになること〕
□ 44 金城鉄□〔防備が堅くつけ入るすきがないこと〕
□ 45 □者不憂〔理想的な博愛の人は悩まないこと〕
□ 46 対牛□琴〔なんの効果もなくむだなこと〕
□ 47 二束□文〔非常に安値なこと〕
□ 48 明□浄机〔清潔で快適に勉強できる書斎〕
□ 49 累□課税〔高額所得者ほど比率が増す課税〕
□ 50 □国情緒〔外国らしい風物がかもしだす雰囲気〕
□ 51 九牛一□〔取るに足りないささいなこと〕
□ 52 残虐□道〔ひどい殺し方や傷つけ方をする様子〕
□ 53 責任□嫁〔責任をほかになすりつけること〕
□ 54 丁丁発□〔議論を激しく戦わし合う様子〕
□ 55 不可□力〔どうすることもできないこと〕
□ 56 唯我独□〔自分だけ優れているとうぬぼれること〕

25 速戦即決《そくせんそっけつ》
26 同工異曲《どうこういきょく》
27 扶養家族《ふようかぞく》
28 利害得失《りがいとくしつ》
29 延命息災《えんめいそくさい》
30 空前絶後《くうぜんぜつご》
31 一文不通《いちもんふつう》
32 大同小異《だいどうしょうい》
33 万代不易《ばんだいふえき》
34 迷惑千万《めいわくせんばん》
35 冷徹無情《れいてつむじょう》
36 一部始終《いちぶしじゅう》
37 興味津津(々)《きょうみしんしん》
38 事実無根《じじつむこん》
39 前代未聞《ぜんだいみもん》
40 低唱微吟《ていしょうびぎん》

41 無事平穏《ぶじへいおん》
42 油断大敵《ゆだんたいてき》
43 羽化登仙《うかとうせん》
44 金城鉄壁《きんじょうてっぺき》
45 仁者不憂《じんしゃふゆう》
46 対牛弾琴《たいぎゅうだんきん》
47 二束三文《にそくさんもん》
48 明窓浄机《めいそうじょうき》
49 累進課税《るいしんかぜい》
50 異国情緒《いこくじょうちょ》
51 九牛一毛《きゅうぎゅうのいちもう》
52 残虐非道《ざんぎゃくひどう》
53 責任転嫁《せきにんてんか》
54 丁丁(々)発止《ちょうちょうはっし》
55 不可抗力《ふかこうりょく》
56 唯我独尊《ゆいがどくそん》

頻出度 C

四字熟語 ❷

◆次の□に漢字を入れ、四字熟語を完成させよ。

□ 1 一期一□〔生涯に一度限りであるということ〕

□ 2 驚天□地〔世間を大いに驚かせること〕

□ 3 自□自得〔自分でしたことは自分にかえること〕

□ 4 前後不□〔正体がなくなること〕

□ 5 朝令□改〔命令などがすぐに変わって定まらないこと〕

□ 6 複□多岐〔多方面に分かれ込み入っていること〕

□ 7 優□不断〔いつまでも決断しかねているさま〕

□ 8 会者定□〔この世は無常であるというたとえ〕

□ 9 空□漠漠〔果てしもなく広い様子〕

□ 10 信□必罰〔厳格に賞罰を行うこと〕

□ 11 大慈大□〔仏の限りなく大きいいつくしむ心〕

□ 12 日進月□〔絶え間なく発展すること〕

□ 13 明哲□身〔賢く危険を避け身を守ること〕

□ 14 累□赤字〔赤字が次々とつみ重なること〕

□ 15 一□一憂〔状況によりよろこんだり悲しんだりすること〕

□ 16 挙措□退〔日常の立ち居振る舞い〕

□ 17 四分□裂〔統一できずばらばらに乱れること〕

□ 18 前□洋洋〔将来が明るく希望に満ちているさま〕

□ 19 電光□火〔非常にすばやいたとえ〕

□ 20 不□不休〔休まずに事にずっと当たること〕

□ 21 乱□賊子〔主君や親に背く不忠不孝の者〕

□ 22 王侯将□〔高貴な身分〕

□ 23 鯨飲□食〔一度にたくさん飲み食いすること〕

□ 24 迅速□断〔物事をすばやく決断し思い切って行うこと〕

解答

1 一期一会《いちごいちえ》

2 驚天動地《きょうてんどうち》

3 自業自得《じごうじとく》

4 前後不覚《ぜんごふかく》

5 朝令暮改《ちょうれいぼかい》

6 複雑多岐《ふくざつたき》

7 優柔不断《ゆうじゅうふだん》

8 会者定離《えしゃじょうり》

9 空空(々)漠漠(々)《くうくうばくばく》

10 信賞必罰《しんしょうひつばつ》

11 大慈大悲《だいじだいひ》

12 日進月歩《にっしんげっぽ》

13 明哲保身《めいてつほしん》

14 累積赤字《るいせきあかじ》

15 一喜一憂《いっきいちゆう》

16 挙措進退《きょそしんたい》

17 四分五裂《しぶんごれつ》

18 前途洋洋(々)《ぜんとようよう》

19 電光石火《でんこうせっか》

20 不眠不休《ふみんふきゅう》

21 乱臣賊子《らんしんぞくし》

22 王侯将相《おうこうしょうしょう》

23 鯨飲馬食《げいいんばしょく》

24 迅速果断《じんそくかだん》

□ 25 大□団結 〔多くの団体が目的のために団結すること〕
□ 26 一意□心 〔一つのことのみに集中すること〕
□ 27 面折廷□ 〔面と向かっておくすることなく争論すること〕
□ 28 炉辺□話 〔囲炉裏のそばでくつろいでする話〕
□ 29 一視同□ 〔すべての人に平等に接すること〕
□ 30 機略□横 〔策略を自在にめぐらし用いること〕
□ 31 出□進退 〔現職にとどまるかどうかの身のふり方〕
□ 32 則天□私 〔私心を捨てて自然のままに生きること〕
□ 33 □志満々 〔負かそうとする意気込みが盛んな様子〕
□ 34 □言放語 〔言いたい放題〕
□ 35 理非曲□ 〔正しいことと間違っていること〕
□ 36 花□穂状 〔長い花軸上に小さな花が多数着生すること〕
□ 37 公□正大 〔公正でやましいところがないこと〕
□ 38 寸善□魔 〔世の中には悪いことが多いというたとえ〕
□ 39 単□赴任 〔家族を残し一人で任地に転居すること〕
□ 40 比□連理 〔男女が仲むつまじいさま〕

□ 41 薬□無効 〔薬や治療の効き目がないこと〕
□ 42 和敬静□ 〔主客は心穏やかに茶室はこざっぱり保つこと〕
□ 43 上意下□ 〔上の者の考えを下に伝えること〕
□ 44 謹□実直 〔つつしみ深く誠実で正直なこと〕
□ 45 小□翼翼 〔気が小さくてびくびくしている様子〕
□ 46 大願成□ 〔大きな望みがかなうこと〕
□ 47 内疎外□ 〔外見は仲がよさそうだが内心は違うこと〕
□ 48 名□一体 〔評判と実際とが一致していること〕
□ 49 柳□花紅 〔人の手を加えない自然の美しさ〕
□ 50 起□転結 〔文章の構成法や物事の順序〕
□ 51 □事来歴 〔物事の由来や歴史〕
□ 52 青□白日 〔心にやましいことがないたとえ〕
□ 53 知者不□ 〔知者は物事の判断を迷うことはないこと〕
□ 54 風霜高□ 〔清らかに澄んだ秋の景色のたとえ〕
□ 55 唯一□二 〔それ一つきりで同じものはないこと〕
□ 56 和衷□同 〔心を同じくして共に力を合わせること〕

25 大同団結《だいどうだんけつ》
26 一意専心《いちいせんしん》
27 面折廷争《めんせつていそう》
28 炉辺談話《ろへんだんわ》
29 一視同仁《いっしどうじん》
30 機略縦横《きりゃくじゅうおう》
31 出処進退《しゅっしょしんたい》
32 則天去私《そくてんきょし》
33 闘志満々《とうしまんまん》
34 漫言放語《まんげんほうご》
35 理非曲直《りひきょくちょく》
36 花序穂状《かじょすいじょう》
37 公明正大《こうめいせいだい》
38 寸善尺魔《すんぜんしゃくま》
39 単身赴任《たんしんふにん》
40 比翼連理《ひよくれんり》

41 薬石無効《やくせきむこう》
42 和敬静寂《わけいせいじゃく》
43 上意下達《じょういかたつ(げたつ)》
44 謹厳実直《きんげんじっちょく》
45 小心翼翼《しょうしんよくよく》(々)
46 大願成就《たいがんじょうじゅ(だいがん)》
47 内疎外親《ないそがいしん》
48 名実一体《めいじついったい》
49 柳緑花紅《りゅうりょくかこう》
50 起承転結《きしょうてんけつ》
51 故事来歴《こじらいれき》
52 青天白日《せいてんはくじつ》
53 知者不惑《ちしゃふわく》
54 風霜高潔《ふうそうこうけつ》
55 唯一無二《ゆいいつむに》
56 和衷協同《わちゅうきょうどう》

頻出度 C

誤字訂正 ❶

◆次の文中にまちがって使われている同じ音訓の漢字が一字ある。正しい漢字を記せ。

□ 1 藩栄を誇った国が没落の運命をたどる。

□ 2 野党は内郭の解散総選挙を叫んだ。

□ 3 博物館の建設を巡り数社が響合した。

□ 4 高齢者介互は無視できない社会問題だ。

□ 5 税務署の差察を受け追徴金を支払った。

□ 6 職員の都合を紹会して日取りを決める。

□ 7 幹事長は仲裁に努め誠根尽き果てた。

□ 8 厳寒の中で極地の気象観促を続けた。

□ 9 欧米の有力会社と業務締携を図る。

□ 10 顕微鏡の陪率を調整し細菌を検査する。

□ 11 契約に向けた活動計画を免密に立てる。

□ 12 毎年恒礼の骨とう市が雨で順延された。

□ 13 天文台で深延な宇宙の果てを探求する。

□ 14 芸術に感心が深く絵画の歴史を学ぶ。

□ 15 野球部員は監督の指導力に啓服した。

□ 16 役員の更適な人選が協会を盛り立てた。

□ 17 彼は礼儀正しく年長者に請けがよい。

□ 18 温厚な取締役は部下の神頼を集めた。

□ 19 孔子は仁に基づく徳治主義を解いた。

□ 20 事業を拡超して店舗経営に乗り出す。

□ 21 ごみの不法逃棄で処理業者を摘発する。

□ 22 果敢にも型言の英語で宿代を値切った。

□ 23 研究発表の資料が一部欠絡していた。

□ 24 不景気で修職活動が困難をきわめた。

解答

1 藩→繁
2 郭→閣
3 響→競
4 互→護
5 差→査
6 紹→照
7 誠→精
8 促→測
9 締→提
10 陪→倍
11 免→綿
12 礼→例
13 延→遠
14 感→関
15 啓→敬
16 更→好
17 請→受
18 神→信
19 解→説
20 超→張
21 逃→投
22 型→片
23 絡→落
24 修→就

□25 週間誌が収賄事件の詳報を掲載した。
□26 斤骨隆々の対戦相手に敢然と挑んだ。
□27 古墳は壁画の発見で脚紅を浴びた。
□28 卸売業者から私販より安い値段で買う。
□29 巨大な倒木が焦害となり回り道をした。
□30 環境への配慮で市長の正価が高まった。
□31 区民祭は他彩な催しが目白押しだ。
□32 解答を導き出す過定を重要視する。
□33 夜更けに隣家の蛮犬が突如ほえ立てた。
□34 搭乗前に海外渡航保険の契訳を結んだ。
□35 八方手を尽くしたが徒漏に終わる。
□36 県民は異口同温に自然保護を訴えた。
□37 父の病で一家の生活規盤が揺らいだ。
□38 景気対策のため補整予算を緊急に組む。
□39 遺産が転がり込み今や結綱な御身分だ。
□40 不吉にも登山隊からの連落が途絶えた。
□41 老中は何事にも潔い姿製を終生貫いた。
□42 大敗を喫した相手に折辱を果たした。
□43 災害時の避難方法を周致徹底させる。
□44 強制収容所の衝撃的な記録に導揺した。
□45 大仏の鋳造に途報もなく人手がかかる。
□46 睡眠不足では勉強の能律が落ちる。
□47 外国との交益が再開し港は活気づいた。
□48 副交間神経の働きが鈍る病気らしい。
□49 資材の値上げが引き鐘で倒産した。
□50 別荘を社員の福利更生施設に充てる。
□51 義勇軍の指導者は人民に志慕された。
□52 新年度の予算に福祉事業費を計乗した。
□53 亡霊は街が寝鎮まる深夜に出るらしい。
□54 職場の対遇改善を求め社員が決起した。
□55 成績優秀者に学費免除の特点を与える。
□56 世間の否難を浴びて謝罪会見を開く。

25 間↓刊
26 斤↓筋
27 紅↓光
28 私↓市
29 焦↓障
30 正↓声
31 他↓多
32 定↓程
33 蛮↓番
34 訳↓約
35 漏↓労
36 温↓音
37 規↓基
38 整↓正
39 綱↓構
40 落↓絡
41 製↓勢
42 折↓雪
43 致↓知
44 導↓動
45 報↓方
46 律↓率
47 益↓易
48 間↓感
49 鐘↓金
50 更↓厚
51 志↓思
52 乗↓上
53 鎮↓静
54 対↓待
55 点↓典
56 否↓非

頻出度 C

誤字訂正 ②

◆次の文中にまちがって使われている同じ音訓の漢字が一字ある。正しい漢字を記せ。

□ 1 手が空くと脂を売る悪癖はすぐ直せ。

□ 2 難局を打改すべく徹夜で討議を重ねた。

□ 3 教師は生徒の興味を巧みに喚気した。

□ 4 過疎化が進む故郷に民家が六件残った。

□ 5 好古学的に貴重な発見が相次いでいる。

□ 6 試合は双方無得点のまま周盤を迎えた。

□ 7 投稿した小説が既製作家の失笑を買う。

□ 8 初の個展に向けて制作に宣心した。

□ 9 住民は緊急災害措致法に従い避難した。

□ 10 人篤のある老師が粗野な弟子を戒めた。

□ 11 法師は平家衰乏の哀切な物語を朗読した。

□ 12 「後悔先に断たず」と虚ろにつぶやく。

□ 13 大統領の醜聞が某誌に暴路された。

□ 14 旧来の勘習を改め政治腐敗を追放する。

□ 15 教会は空襲で跡方もなく破壊された。

□ 16 容疑者の潔白を異句同音に支持した。

□ 17 古今の映画趣法を盛り込んだ実験作だ。

□ 18 徳川軍は勝ちに載って敵方を攻めた。

□ 19 高視聴率の番組制作の実積が買われた。

□ 20 留学生の受け入れ大勢を敏速に整えた。

□ 21 夕暮れを待たずに電柱の照明が転灯した。

□ 22 戦火に焼かれた町に福興の気配はない。

□ 23 彼の無断欠勤は絶対に要認できない。

□ 24 競技場の革張工事で桜並木を伐採した。

解答

1 脂→油
2 改→開
3 気→起
4 件→軒
5 好→考
6 周→終
7 製→成
8 宣→専
9 致→置
10 篤→徳
11 乏→亡
12 断→立
13 路→露
14 勘→慣
15 方→形
16 句→口
17 趣→手
18 載→乗
19 積→績
20 大→態
21 転→点
22 福→復
23 要→容
24 革→拡

□ 25 恒及的なエネルギー源を太陽に求める。
□ 26 先代の没後に娘婿が老舗を再遣した。
□ 27 講演会で過酷な抑留体験を克白した。
□ 28 慣修に従って祭りの前に身体を清める。
□ 29 野党は本会議で征策の失敗を批判した。
□ 30 公金着服が露見し前後策を講じる。
□ 31 週明けには補修工事に手を就ける。
□ 32 景気の回復と被災者の健康を年願する。
□ 33 花嫁は義父母との別居を強く臨んだ。
□ 34 姉妹都市との交留を深める催しを開く。
□ 35 競議者の好不調が勝敗の明暗を分ける。
□ 36 裁判に勧心を抱き弁護士を目指した。
□ 37 直情傾行な父に周囲は時に手を焼いた。
□ 38 茶会の招待客は珍奇な趣好に喜んだ。
□ 39 販路を増やす計画は殊尾よく成功した。
□ 40 臓器移殖の手術で一命を取り留める。
□ 41 社会人として摂度ある行動を心掛ける。
□ 42 家屋を端保物件とし抵当権を設定した。
□ 43 地道に利殖に務め開業資金を蓄えた。
□ 44 渡り職人の見事な腕前に一同敬復した。
□ 45 募る一方の雇要不安に歯止めを掛ける。
□ 46 多穫経営の失敗が社を袋小路に追い込む。
□ 47 激戦地の慰霊碑に遺族が花束を備えた。
□ 48 神話との出合いが彼の考故学の出発点だ。
□ 49 元総理の実績は功材が相半ばしていた。
□ 50 新進の役者が一日警察所長を務めた。
□ 51 洗い立ての整潔な着物に腕を通した。
□ 52 万善を期して装備を再度点検する。
□ 53 両社の首脳部は打ち解けて団笑した。
□ 54 有名女優は巧みに喜奴哀楽を表現した。
□ 55 抵防決壊を聞き住民が避難を開始した。
□ 56 在流の邦人記者に国外退去命令が出た。

25 及↓久
26 遣↓建
27 克↓告
28 修↓習
29 征↓政
30 前↓善
31 就↓着
32 年↓念
33 臨↓望
34 留↓流
35 議↓技
36 勧↓関
37 傾↓径
38 好↓向
39 殊↓首
40 殖↓植

41 摂↓節
42 端↓担
43 務↓努
44 復↓服
45 要↓用
46 穫↓角
47 備↓供
48 故↓古
49 材↓罪
50 所↓署
51 整↓清
52 善↓全
53 団↓談
54 奴↓怒
55 抵↓堤
56 流↓留

頻出度 C

対義語・類義語 ①

◆［　］の中の語を必ず一度使って漢字に直し、対義語・類義語を記せ。

【対義語】

□ 1 悪魔
□ 2 没後
□ 3 開放
□ 4 拾得
□ 5 感情
□ 6 炎暑
□ 7 敏腕
□ 8 平易
□ 9 分裂
□ 10 増進

なんかい　いき
げんかん　へいさ
げんたい　せいぜん
てんし　むのう
りせい　とういつ

【類義語】

□ 11 不意
□ 12 応諾
□ 13 始末
□ 14 懸念
□ 15 向上
□ 16 稼動
□ 17 嫡子
□ 18 庶民
□ 19 緩慢
□ 20 報酬

とつぜん　そうぎょう
しんぱい　しょうふく
ちどん　たいしゅう
しんぽ　しょり
そうりょう　てあて

解答

1 天使
2 生前
3 閉鎖
4 遺棄
5 理性
6 厳寒
7 無能
8 難解
9 統一
10 減退
11 突然
12 承服
13 処理
14 心配
15 進歩
16 操業
17 総領
18 大衆
19 遅鈍
20 手当

【対義語】

- □ 21 地獄
- □ 22 縮小
- □ 23 利益
- □ 24 巨大
- □ 25 優良
- □ 26 平穏
- □ 27 浮華
- □ 28 低湿
- □ 29 恩賞
- □ 30 任命
- □ 31 恒星
- □ 32 超過
- □ 33 率先
- □ 34 成案

ついじゅう　ゆうせい　びさい　そんしつ　かくだい　しつじつ　そあん
こうそう　みまん　そうらん　かいにん　ごくらく　れつあく　しょばつ

【類義語】

- □ 35 倉庫
- □ 36 欠陥
- □ 37 叙述
- □ 38 午睡
- □ 39 息災
- □ 40 不断
- □ 41 虚脱
- □ 42 精髄
- □ 43 正統
- □ 44 煩雑
- □ 45 壮挙
- □ 46 傘下
- □ 47 酷薄
- □ 48 羅列

ほんしつ　ほうしん　なんてん　びょうしゃ　めんどう　よっか　れっきょ
れいたん　なや　ほんりゅう　ゆうと　ぶじ　へいそ　ひるね

21 極楽　22 拡大　23 損失　24 微細　25 劣悪　26 騒乱　27 質実　28 高燥　29 処罰　30 解任　31 遊星　32 未満　33 追従　34 素案

35 納屋　36 難点　37 描写　38 昼寝　39 無事　40 平素　41 放心　42 本質　43 本流　44 面倒　45 雄図　46 翼下　47 冷淡　48 列挙

頻出度 C

対義語・類義語 ②

◆ [　　]の中の語を必ず一度使って漢字に直し、対義語・類義語を記せ。

【対義語】

□ 1 承諾
□ 2 滅亡
□ 3 錠剤
□ 4 連続
□ 5 譲歩
□ 6 遠隔
□ 7 動揺
□ 8 困難
□ 9 建設
□ 10 大綱

あんてい　さんやく　こうき　じたい　ちゅうだん
さいもく　こしつ　はかい　きんせつ　ようい

【類義語】

□ 11 次第
□ 12 懲戒
□ 13 本気
□ 14 遠謀
□ 15 挑発
□ 16 委託
□ 17 敗走
□ 18 入念
□ 19 均衡
□ 20 発議

せんどう　しゅうとう　ちょうわ　しょばつ　いらい
たいきゃく　じゅんじょ　しんけん　しんりょ　ていあん

解答

1 辞退　2 興起　3 散薬　4 中断　5 固執　6 近接　7 安定　8 容易　9 破壊　10 細目

11 順序　12 処罰　13 真剣　14 深慮　15 扇動　16 依頼　17 退却　18 周到　19 調和　20 提案

【対義語】

- □ 21 正常
- □ 22 優性
- □ 23 霊魂
- □ 24 博識
- □ 25 拡大
- □ 26 義務
- □ 27 緩慢
- □ 28 寒冷
- □ 29 紛争
- □ 30 憎悪
- □ 31 邪悪
- □ 32 修繕
- □ 33 生産
- □ 34 水平

れっせい　えんちょく　きゅうげき　けんり　しゅくしょう　ねつあい　にくたい
ぜんりょう　いじょう　わかい　しょうひ　むち　おんだん　はそん

【類義語】

- □ 35 辛苦
- □ 36 多端
- □ 37 規格
- □ 38 裕福
- □ 39 苦慮
- □ 40 座視
- □ 41 冒頭
- □ 42 全快
- □ 43 寡黙
- □ 44 闘士
- □ 45 症状
- □ 46 過剰
- □ 47 顕著
- □ 48 陸続

ふうき　ぼうかん　ふしん　ようだい　むくち　なんぎ　れきぜん
れんめん　よぶん　もさ　ひょうじゅん　はんぼう　ほったん　ほんぷく

21 異常
22 劣性
23 肉体
24 無知
25 縮小
26 権利
27 急激
28 温暖
29 和解
30 熱愛
31 善良
32 破損
33 消費
34 鉛直
35 難儀
36 繁忙
37 標準
38 富貴
39 腐心
40 傍観
41 発端
42 本復
43 無口
44 猛者
45 容態
46 余分
47 歴然
48 連綿

頻出度 **C**

同音・同訓異字 ①

◆次の――線のカタカナにあてはまる漢字をそれぞれア～オから選び、記号で記せ。

□ **1** 祖父は孫娘を**モウ**愛している。

□ **2** 過酷な仕事で体力を消**モウ**した。

□ **3** 彼は**モウ**想に取りつかれている。

（ア妄　イ猛　ウ盲　エ耗　オ網）

□ **4** 御**ジ**とは天皇の印のことである。

□ **5** 卵はたいへん**ジ**養に富んでいる。

□ **6** **ジ**愛に満ちた目で見つめる。

（ア侍　イ滋　ウ慈　エ磁　オ璽）

□ **7** **シュク**清を行った。

□ **8** 父の兄弟のことを伯**シュク**という。

□ **9** 著名な作家に私**シュク**する。

（ア淑　イ粛　ウ縮　エ祝　オ叔）

□ **10** 五年後の人口を**オ**し量る。

□ **11** 寸暇を**オ**しまず働いた。

□ **12** 病を**オ**して仕事をした。

（ア押　イ置　ウ推　エ尾　オ惜）

□ **13** お**ヘン**路さんが四国を巡礼する。

□ **14** 彼女は子犬を**ヘン**愛している。

□ **15** 名曲をカラオケ用に**ヘン**曲する。

（ア編　イ変　ウ偏　エ辺　オ遍）

□ **16** 電車の事故は大**サン**事となった。

□ **17** 大企業の**サン**下に入る。

□ **18** 渡し船が**サン**橋に到着する。

（ア桟　イ参　ウ傘　エ惨　オ賛）

解答

1 ウ
2 エ
3 ア
4 オ
5 イ
6 ウ
7 イ
8 オ
9 ア
10 ウ
11 オ
12 ア
13 オ
14 ウ
15 ア
16 エ
17 ウ
18 ア

□ 19 読シン術で会話の内容をつかむ。

□ 20 シン気くさい顔をしている。

□ 21 パンダの妊シンが確認された。

（ア辛　イ紳　ウ診　エ唇　オ娠）

□ 22 この問題は建設省の管カツです。

□ 23 恐カツ事件が発生した。

□ 24 上流にダムができ川が枯カツした。

（ア渇　イ轄　ウ括　エ褐　オ喝）

□ 25 要点をハ握することが大切だ。

□ 26 予選を勝ち抜き全国制ハをめざす。

□ 27 切れ味のよいハ物を買う。

（ア刃　イ端　ウ覇　エ派　オ把）

□ 28 彼女は母にコク似している。

□ 29 コク物が豊かに実る。

□ 30 事件の詳細がコク明に書かれている。

（ア刻　イ克　ウ酷　エ穀　オ谷）

□ 31 壁に防フ剤を塗る。

□ 32 国立大学のフ属高校を受験した。

□ 33 天からフ与された才能がある。

（ア腐　イ附　ウ賦　エ普　オ符）

□ 34 ギ造旅券を使って逃亡していた。

□ 35 演説のテーマは時ギを得ていた。

□ 36 生きているようにギ装工作した。

（ア擬　イ犠　ウ偽　エ欺　オ宜）

□ 37 親類とはソ遠のままだ。

□ 38 我が子のソ像を作る。

□ 39 役人はソ税を厳しくとりたてる。

（ア租　イ措　ウ疎　エ訴　オ塑）

□ 40 吉報にびっくりギョウ天した。

□ 41 美しいギョウ天の空だ。

□ 42 豆乳にギョウ固剤を入れる。

（ア業　イ仰　ウ形　エ暁　オ凝）

19 エ　20 ア　21 オ

22 イ　23 オ　24 ア

25 オ　26 ウ　27 ア

28 ウ　29 エ　30 イ

31 ア　32 イ　33 ウ

34 ウ　35 オ　36 ア

37 ウ　38 オ　39 ア

40 イ　41 エ　42 オ

頻出度 C

同音・同訓異字 ②

◆次の――線のカタカナにあてはまる漢字をそれぞれア〜オから選び、記号で記せ。

□ 1 村の老**オウ**から伝説を聞いた。
□ 2 **オウ**州旅行に出発する。
□ 3 月面には**オウ**凸がある。
（ア凹　イ欧　ウ往　エ応　オ翁）

□ 4 **ジュン**教者の魂を弔う。
□ 5 **ジュン**環器系を患っている。
□ 6 **ジュン**看護婦の資格を取った。
（ア潤　イ准　ウ遵　エ循　オ殉）

□ 7 **ジュウ**実した人生を送りたい。
□ 8 **ジュウ**弾を浴びて倒れた。
□ 9 交通**ジュウ**滞が予想される。
（ア銃　イ汁　ウ充　エ渋　オ柔）

□ 10 世界的な舞**ヨウ**家を目指す。
□ 11 知事の意見を**ヨウ**護する。
□ 12 この子は決して凡**ヨウ**ではない。
（ア揺　イ庸　ウ揚　エ踊　オ擁）

□ 13 雨でぬれた洋服を**カワ**かす。
□ 14 新しい**カワ**靴を履きならす。
□ 15 井戸水でのどの**カワ**きをいやす。
（ア渇　イ河　ウ革　エ乾　オ側）

□ 16 警察の厳しい**ジン**問を受ける。
□ 17 急患に**ジン**速な処置が施された。
□ 18 博物館設立に**ジン**力する。
（ア仁　イ尋　ウ迅　エ尽　オ陣）

解答

1 オ　2 イ　3 ア
4 オ　5 エ　6 イ
7 ウ　8 ア　9 エ
10 エ　11 オ　12 イ
13 エ　14 ウ　15 ア
16 イ　17 ウ　18 エ

□ 19 体操選手の柔軟な**シ**体に魅了された。

□ 20 家光は徳川家の**シ**子に生まれた。

□ 21 審議会に**シ**問する。

（ア諮　イ施　ウ肢　エ嗣　オ祉）

□ 22 隣人に**メイ**惑をかける。

□ 23 小石が見事に**メイ**中した。

□ 24 城下町には**メイ**菓が多い。

（ア鳴　イ銘　ウ盟　エ迷　オ命）

□ 25 殺人事件を徹底的に**キュウ**明する。

□ 26 「源氏物語」は不**キュウ**の名作だ。

□ 27 父の失業で生活が困**キュウ**する。

（ア朽　イ丘　ウ窮　エ及　オ究）

□ 28 **スミ**やかに席を譲った。

□ 29 彼はなかなか**スミ**に置けない男だ。

□ 30 彼の趣味は**スミ**絵を描くことです。

（ア炭　イ速　ウ墨　エ済　オ隅）

□ 31 夏休みに**コン**虫採集をした。

□ 32 入植者は荒れ地を開**コン**した。

□ 33 町の有志と**コン**親会を開く。

（ア紺　イ昆　ウ墾　エ懇　オ魂）

□ 34 裁判官が**ヒ**免された。

□ 35 フランス王**ヒ**が処刑された。

□ 36 お菓子作りの腕前を**ヒ**露する。

（ア妃　イ披　ウ扉　エ罷　オ碑）

□ 37 父の唯一の趣味は囲**ゴ**です。

□ 38 祖父は**ゴ**服を商っていた。

□ 39 田舎には**ゴ**楽が少ない。

（ア互　イ呉　ウ娯　エ悟　オ碁）

□ 40 新しい運動靴を**ハ**いて走る。

□ 41 公園の枯れ葉を**ハ**き寄せる。

□ 42 バスに乗ると**ハ**き気がする。

（ア把　イ吐　ウ覇　エ掃　オ履）

19 ウ　20 エ　21 ア
22 エ　23 オ　24 イ
25 オ　26 ア　27 ウ
28 イ　29 オ　30 ウ
31 イ　32 ウ　33 エ
34 エ　35 ア　36 イ
37 オ　38 イ　39 ウ
40 オ　41 エ　42 イ

第1回 準2級模擬試験問題

180点以上 合格安全圏
160点以上 合格範囲内
159点以下 努力が必要

制限時間：60分

／200

(1) 次の——線の読みをひらがなで記せ。（各1×30＝30点）

1 理科の実験でカエルの**解剖**を行った。（　　）
2 この問題は委員会に**諮**る必要がある。（　　）
3 練習した歌を**披露**する。（　　）
4 **殊勲**賞を受けた力士の話を聞く。（　　）
5 **本邦**初公開の名画を鑑賞する。（　　）
6 この窓ガラスは**磨**く必要があるね。（　　）
7 **治癒**するまで包帯は巻いたままだ。（　　）
8 娘と**浅瀬**で水遊びをする。（　　）
9 **川柳**は江戸時代に発達した。（　　）
10 水道の**蛇口**がさびて回しにくい。（　　）
11 **清涼**な気候の湖畔に転地した。（　　）
12 文部省**推薦**図書を読む。（　　）
13 窓からのすばらしい**眺望**を楽しむ。（　　）
14 売り上げが**漸増**している。（　　）
15 新しい**奨学**金が設けられた。（　　）
16 **柳**並木を車で走行する。（　　）
17 カタログは**頒価**五百円です。（　　）
18 汚水の**浄化**施設を見学する。（　　）
19 適宜**休息**をとってください。（　　）
20 試合に先立って選手**宣誓**が行われた。（　　）
21 **所轄**の警察署へ盗難届を出す。（　　）
22 **一括**払いで車を買った。（　　）
23 細菌研究に**生涯**をささげた人物だ。（　　）
24 国を相手取った裁判で**勝訴**した。（　　）
25 **賃貸**マンションに住んでいます。（　　）
26 奨学金で生活費を**賄**っている。（　　）
27 **墜落**した飛行機の生存者を確認する。（　　）
28 急いで**喪服**をあつらえた。（　　）
29 どこかで聞いたような**旋律**だ。（　　）
30 **懲役**三年の実刑判決が下った。（　　）

（2） 次の――線のカタカナにあてはまる漢字をそれぞれア～オから選び、記号で記せ。 （各2×15＝30点）

1 平野を**ダ**行して大河が流れる。（　）
2 夏休みを怠**ダ**に過ごす。（　）
3 お使いのお**ダ**賃をもらった。（　）
（ア 駄　イ 蛇　ウ 打　エ 惰　オ 堕）

4 生**ガイ**独身を通した。（　）
5 大**ガイ**の高校生は部活動を行っている。（　）
6 往時を思い出して感**ガイ**にふける。（　）
（ア 害　イ 街　ウ 涯　エ 概　オ 慨）

7 腐葉土で土**ジョウ**の改良をする。（　）
8 **ジョウ**文時代の文化を研究する。（　）
9 健康のため**ジョウ**水器を取り付ける。（　）
（ア 浄　イ 穣　ウ 壌　エ 縄　オ 場）

10 **ケン**譲語は使い方が難しい。（　）
11 あらぬ**ケン**疑をかけられ不愉快だ。（　）
12 **ケン**著な効果に驚く。（　）
（ア 謙　イ 権　ウ 顕　エ 嫌　オ 兼）

13 名探**テイ**にあこがれる。（　）
14 隣国と不可侵条約が**テイ**結された。（　）
15 収穫は**テイ**減傾向にある。（　）
（ア 堤　イ 締　ウ 偵　エ 低　オ 廷）

（3） 次の漢字の部首を記せ。 （各1×10＝10点）

1 准（　）
2 慶（　）
3 塾（　）
4 粛（　）
5 吏（　）
6 競（　）
7 璽（　）
8 騰（　）
9 庶（　）
10 蛍（　）

（4） 熟語の構成のしかたには次のようなものがある。

ア 同じような意味の漢字を重ねたもの（例　良好）
イ 反対または対応の意味を表す字を重ねたもの（例　明暗）
ウ 上の字が下の字を修飾しているもの（例　早春）
エ 下の字が上の字の目的語・補語になっているもの（例　登山）
オ 主語と述語の関係にあるもの（例　日没）

次の熟語はそのどれにあたるか、記号を記せ。 （各1×10＝10点）

1 頻出（　）
2 授受（　）
3 国有（　）
4 旧暦（　）
5 享受（　）
6 親疎（　）
7 酷似（　）
8 賢察（　）
9 施錠（　）
10 隠匿（　）

次ページへ続く

(5) 3つの□に共通する漢字を［　　］の中から選んで熟語を作り、記号で答えよ。（各2×5＝10点）

1 □発・□拐・勧□（　　）
2 暖□・香□・囲□裏（　　）
3 煙□・□酸・□石（　　）
4 断□・□願・正□場（　　）
5 本□・□給・減□（　　）

ア 炉	イ 硝	ウ 誘	エ 路
オ 証	カ 俸	キ 年	ク 幕
ケ 念	コ 願		

(6) 次の［　　］の中の語を必ず一度使って漢字に直し、対義語・類義語を完成させよ。（各2×10＝20点）

【対義語】
1 干渉―（　　）
2 原則―（　　）
3 諮問―（　　）
4 詳細―（　　）
5 架空―（　　）

【類義語】
6 非凡―（　　）
7 熟睡―（　　）
8 妥当―（　　）
9 倹約―（　　）
10 布教―（　　）

れいがい・でんどう・てきせつ・あんみん・じつざい・ほうにん・しっそ・とうしん・かんりゃく・ばつぐん

(7) 次の□内に入る適切な語を後の［　　］の中から選んで漢字に直し、四字熟語を完成させよ。（各2×10＝20点）

1 当意□妙（　　）
2 外□内剛（　　）
3 五里□中（　　）
4 □行錯誤（　　）
5 青息□息（　　）
6 一□打尽（　　）
7 綱□粛正（　　）
8 活□自在（　　）
9 危機一□（　　）
10 権謀□数（　　）

そく・じゅっ・し・と・じゅう・もう・き・む・ばつ・さつ

(8) 次の——線のカタカナを漢字と送りがな（ひらがな）に直せ。（各2×5＝10点）

1 日ごろのタクワエが役に立った。（　　）
2 コワシた茶わんを弁償した。（　　）
3 人の話に耳をカタムケル。（　　）
4 国際情勢に影響をオヨボス。（　　）
5 紅葉が夕日にハエル。（　　）

(9) 次の文中にまちがって使われている同じ音訓の漢字が一字ある。まちがっている漢字を上の（　）に、正しい漢字を下の（　）に記せ。

(各2×10＝20点)

1 応年の名女優が母親役で助演している。（　）→（　）

2 局度の寝不足と過労で緊急入院した。（　）→（　）

3 児童が廃品回集で各家庭を訪問する。（　）→（　）

4 較命軍は地方を制圧し首都に進攻した。（　）→（　）

5 出席の諸氏は敬証を省略して記載した。（　）→（　）

6 後換性に優れた新機種を開発した。（　）→（　）

7 外務大臣は交渉進展の感食を得た。（　）→（　）

8 高装住宅からの眺望に驚嘆した。（　）→（　）

9 美事麗句を連ねた中身のない演説だ。（　）→（　）

10 全寮制の高校の舎官を務めています。（　）→（　）

(10) 次の――線のカタカナを漢字に直せ。

(各2×20＝40点)

1 幼年時代は**エンニチ**が楽しみだった。（　）

2 部下に**ゼンプク**の信頼をおいている。（　）

3 **エラ**そうな態度に反発する。（　）

4 論旨の**ムジュン**をついた。（　）

5 部活では**スイソウ**楽部に入っています。（　）

6 担任の先生に**チコク**をとがめられた。（　）

7 梅雨期は**カンソウ**機が重宝だ。（　）

8 源氏物語は**フキュウ**の名作だ。（　）

9 仕事場では**キュウセイ**で通している。（　）

10 機内は全面**キンエン**です。（　）

11 ヨーロッパ**エンセイ**試合が実現する。（　）

12 **リュウシ**の粗い写真で識別できない。（　）

13 図書館へ書籍を**キゾウ**する。（　）

14 天皇陛下の**ソクイ**式が挙行された。（　）

15 新製品には**チメイ**的な欠点があった。（　）

16 タレントを**アイショウ**で呼ぶ。（　）

17 名人との**ホマ**れ高い職人だ。（　）

18 川の**シンショク**作用で谷ができる。（　）

19 **スジミチ**だてて話す訓練をする。（　）

20 **ハマベ**で砂の城を作った。（　）

第2回 準2級模擬試験問題

180点以上 合格安全圏

160点以上 合格範囲内

159点以下 努力が必要

制限時間：60分

／200

(1) 次の――線の読みをひらがなで記せ。 (各1×30＝30点)

1 **特殊**部隊で訓練を受けた人物だ。（　）
2 **陳腐**な表現にあふれた記事だ。（　）
3 **羅針盤**は三大発明の一つだ。（　）
4 彼は組織の**中枢**に位置する人物だ。（　）
5 新しい店はとても**繁盛**している。（　）
6 各支店に規則を**徹底**させる。（　）
7 空気の七割は**窒素**だ。（　）
8 結婚式の**費用**は両家で折半した。（　）
9 強く**殴**られたところから出血した。（　）
10 先生に**朱筆**のお手本をいただいた。（　）
11 ロンドン**滞在**の父からメールが届く。（　）
12 資料の重要部分を**抜粋**する。（　）
13 ホメロスはギリシア**叙事**詩人だ。（　）
14 剣道大会での全国**制覇**が目標です。（　）
15 家事の中では**掃除**が好きだ。（　）

16 **天涯**孤独の身をなげく。（　）
17 **全寮**制の名門校出身だ。（　）
18 **名残**惜しいが別れの時間だ。（　）
19 **前途**洋々たる学生だ。（　）
20 **干潟**が野鳥公園になっている。（　）
21 できるだけ**薄切**りにしてください。（　）
22 学歴**詐称**で訴えられる。（　）
23 祖父は心臓**発作**で亡くなった。（　）
24 ピアノ演奏には**卓越**した才能がある。（　）
25 みりんを**一升**買った。（　）
26 **但**し割引は週末をのぞきます。（　）
27 日本の教育は知識**偏重**だ。（　）
28 彼女の自由**奔放**な生き方をうらやむ。（　）
29 定期的に人工**透析**を受けている。（　）
30 ローンの返済が**滞**る。（　）

(2) 次の――線のカタカナにあてはまる漢字をそれぞれア～オから選び、記号で記せ。(各2×15＝30点)

1 素ボクなタッチの絵だ。（　）
2 公務員はみな公ボクである。（　）
3 人種差別ボク滅のためにたたかう。（　）
(ア 牧　イ 朴　ウ 撲　エ 僕　オ 墨)

4 バイ償保険に加入する。（　）
5 庭で栽バイした野菜を調理する。（　）
6 バイ審員制度の導入を検討する。（　）
(ア 賠　イ 陪　ウ 倍　エ 梅　オ 培)

7 通る人がフり返って見る。（　）
8 麦フみは子どもの仕事だった。（　）
9 実名をフせて報道する。（　）
(ア 踏　イ 降　ウ 振　エ 伏　オ 吹)

10 父はボウ績会社の社長です。（　）
11 司法解ボウして死因を特定する。（　）
12 渦中の人物をよく知るボウ氏の話だ。（　）
(ア 剖　イ 某　ウ 紡　エ 房　オ 謀)

13 ウえた子ども達の表情が痛々しい。（　）
14 酒を飲んでウかれて踊った。（　）
15 新しい仕事をウけ負った。（　）
(ア 飢　イ 浮　ウ 埋　エ 植　オ 請)

(3) 次の漢字の部首を記せ。(各1×10＝10点)

1 呉（　）
2 彰（　）
3 累（　）
4 典（　）
5 恭（　）
6 為（　）
7 殿（　）
8 傘（　）
9 甚（　）
10 肖（　）

(4) 熟語の構成のしかたには次のようなものがある。

ア 同じような意味の漢字を重ねたもの(例 良好)
イ 反対または対応の意味を表す字を重ねたもの(例 明暗)
ウ 上の字が下の字を修飾しているもの(例 早春)
エ 下の字が上の字の目的語・補語になっているもの(例 登山)
オ 上の字が下の字の意味を打ち消しているもの(例 非常)

次の熟語はそのどれにあたるか、記号を記せ。(各1×10＝10点)

1 絶佳（　）
2 不慮（　）
3 不足（　）
4 貸借（　）
5 逸話（　）
6 去就（　）
7 開廷（　）
8 勧奨（　）
9 霊魂（　）
10 殺菌（　）

次ページへ続く

(5) **3つの□に共通する漢字を［　　］の中から選んで熟語を作り、記号で答えよ。**（各2×5＝10点）

1 □底・貫□・□夜（　　）

2 安□・□散・農□期（　　）

3 □売・□価・破□恥（　　）

4 □滅・□擦・□天楼（　　）

5 □欲・□黙・衆□（　　）

ア 沈	イ 寡	ウ 払	エ 閑	オ 連
カ 安	キ 摩	ク 徹	ケ 目	コ 廉

(6) **次の［　　］の中の語を必ず一度使って漢字に直し、対義語・類義語を完成させよ。**（各2×10＝20点）

【対義語】

1 削除―（　　）

2 加盟―（　　）

3 粗略―（　　）

4 釈放―（　　）

5 鎮静―（　　）

【類義語】

6 改造―（　　）

7 思慮―（　　）

8 快活―（　　）

9 弁解―（　　）

10 発案―（　　）

しゃくめい・ていちょう・そうい・りだつ・ぞうほ・こうふん・けんきょ・めいろう・へんかく・ふんべつ

(7) **次の□内に入る適切な語を後の［　　］の中から選んで漢字に直し、四字熟語を完成させよ。**（各2×10＝20点）

1 和洋□衷（　　）

2 天下□免（　　）

3 多岐亡□（　　）

4 悠々自□（　　）

5 痛快無□（　　）

6 □花流水（　　）

7 神出□没（　　）

8 栄□盛衰（　　）

9 支□滅裂（　　）

10 英俊□傑（　　）

ごう・き・せっ・らっ・こ・ひ・よう・ご・り・てき

(8) **次の――線のカタカナを漢字と送りがな（ひらがな）に直せ。**（各2×5＝10点）

1 洗濯物がなかなか**カワカ**ない。（　　）

2 **タノモシイ**発言が飛び出した。（　　）

3 委員長から**クワシイ**報告があります。（　　）

4 太陽が雲に**カクレ**た。（　　）

5 彼にはいつも**オドロカサ**れる。（　　）

(9) 次の文中にまちがって使われている同じ音訓の漢字が一字ある。まちがっている漢字を上の(　)に、正しい漢字を下の(　)に記せ。
(各2×10＝20点)

1 独専禁止法違反の裁決が注目を集めた。 (　)→(　)
2 文豪が新聞社に寄講した論説を読んだ。 (　)→(　)
3 契約公改で破格の条件を提示された。 (　)→(　)
4 容姿淡麗、学力優秀で将来が楽しみだ。 (　)→(　)
5 布の裁断は寸法通り深重に行いなさい。 (　)→(　)
6 国際情勢に関係する知識が解無だ。 (　)→(　)
7 盗み食いは口元の菓子の粉が証固だ。 (　)→(　)
8 打者交代が功を相して逆転勝ちした。 (　)→(　)
9 保護区域は奇少植物の宝庫です。 (　)→(　)
10 創刊号に市井の人々の記事が乗った。 (　)→(　)

(10) 次の——線のカタカナを漢字に直せ。
(各2×20＝40点)

1 ニュウワな笑みを浮かべている。 (　)
2 セイレキと元号を併用する。 (　)
3 力がイタらず申し訳ない。 (　)
4 アルコールイゾン症を治療する。 (　)
5 ダクリュウに飲まれて行方不明です。 (　)
6 ダツイ所で水着に着替える。 (　)
7 初対面の人にメイシを渡す。 (　)
8 取りアツカい説明書を熟読する。 (　)
9 彼はキョウケンで知られた捕手だ。 (　)
10 友人の家にトめてもらう。 (　)
11 叔母にキンキョウ報告の電話をかける。 (　)
12 ヤクザイ師になるのが夢だ。 (　)
13 イクニチかたってから謝罪してきた。 (　)
14 突然ホコサキを向けられた。 (　)
15 名簿にキサイの電話番号を書き直す。 (　)
16 キョウサクで農夫は落胆した。 (　)
17 庭に雑草がハンモしている。 (　)
18 キョウケン病の予防注射を受けさせる。 (　)
19 故郷のゾウニはしょう油味です。 (　)
20 野球で隣町のチームにザンパイした。 (　)

第1回 準2級模擬試験問題・解答

(1) 読み

1 かいぼう
2 はか
3 ひろう
4 しゅくん
5 ほんぽう
6 みが
7 ちゆ
8 あさせ
9 せんりゅう
10 じゃぐち
11 せいりょう
12 すいせん
13 ちょうぼう
14 ぜんぞう
15 しょうがく
16 やなぎ
17 はんか
18 じょうか
19 きゅうそく
20 せんせい
21 しょかつ
22 いっかつ
23 しょうがい
24 しょうそ
25 ちんたい
26 まかな
27 ついらく
28 もふく
29 せんりつ
30 ちょうえき

(2) 同音・同訓異字

1 イ
2 エ
3 ア
4 ウ
5 エ
6 オ
7 ウ
8 エ
9 ア
10 ア
11 エ
12 ウ
13 ウ
14 イ
15 エ

(3) 部首

1 冫
2 心
3 土
4 聿
5 口
6 立
7 玉・王
8 馬
9 广
10 虫

(4) 熟語の構成

1 ウ
2 イ
3 オ
4 ウ
5 ア
6 イ
7 ウ
8 ウ
9 エ
10 ア

(5) 漢字識別

1 ウ
2 ア
3 イ
4 ケ
5 カ

(6) 対義語・類義語

1 放任
2 例外
3 答申
4 簡略
5 実在
6 抜群
7 安眠
8 適切
9 質素
10 伝道

(7) 四字熟語

1 即
2 柔
3 霧
4 試
5 吐
6 網
7 紀
8 殺
9 髪
10 術

(8) 送りがな

1 蓄え
2 壊し
3 傾ける
4 及ぼす
5 映える

(9) 誤字訂正

1 応→往
2 局→極
3 集→収
4 較→革
5 証→称
6 後→互
7 食→触
8 装→層
9 事→辞
10 官→監

(10) 書き取り

1 縁日
2 全幅
3 偉
4 矛盾
5 吹奏
6 遅刻
7 乾燥
8 不朽
9 旧姓
10 禁煙
11 遠征
12 粒子
13 寄贈
14 即位
15 致命
16 愛称
17 誉
18 浸食
19 筋道
20 浜辺

第2回 準2級模擬試験問題・解答

(1) 読み

1 とくしゅ
2 ちんぷ
3 らしんばん
4 ちゅうすう
5 はんじょう
6 てってい
7 ちっそ
8 ひよう
9 なぐ
10 しゅひつ
11 たいざい
12 ばっすい
13 じょじ
14 せいは
15 そうじ
16 てんがい
17 ぜんりょう
18 なごり
19 ぜんと
20 ひがた
21 うすぎ
22 さしょう
23 ほっさ
24 たくえつ
25 いっしょう
26 ただ
27 へんちょう
28 ほんぽう
29 とうせき
30 とどこお

(2) 同音・同訓異字

1 イ
2 エ
3 ウ
4 ア
5 オ
6 イ
7 ウ
8 ア
9 エ
10 ウ
11 ア
12 イ
13 ア
14 イ
15 オ

(3) 部首

1 口
2 彡
3 糸
4 八
5 ⺌
6 灬
7 殳
8 入
9 甘
10 肉

(4) 熟語の構成

1 ウ
2 オ
3 オ
4 イ
5 ウ
6 イ
7 エ
8 ア
9 ア
10 エ

(5) 漢字識別

1 ク
2 エ
3 コ
4 キ
5 イ

(6) 対義語・類義語

1 増補
2 離脱
3 丁重
4 検挙
5 興奮
6 変革
7 分別
8 明朗
9 釈明
10 創意

(7) 四字熟語

1 折
2 御
3 羊
4 適
5 比
6 落
7 鬼
8 枯
9 離
10 豪

(8) 送りがな

1 乾か
2 頼もしい
3 詳しい
4 隠れ
5 驚かさ

(9) 誤字訂正

1 専→占
2 講→稿
3 公→更
4 淡→端
5 深→慎
6 解→皆
7 固→拠
8 相→奏
9 奇→希
10 乗→載

(10) 書き取り

1 柔和
2 西暦
3 至
4 依存
5 濁流
6 脱衣
7 名刺
8 扱
9 強肩
10 泊
11 近況
12 薬剤
13 幾日
14 矛先
15 記載
16 凶作
17 繁茂
18 狂犬
19 雑煮
20 惨敗

常用漢字の特別な読みと用語例

※カタカナは音読み、ひらがなは訓読みを示す。

●中学までに習う読み方の例（2級／準2級／3級出題範囲）

遺	遺言（ユイゴン）
井	天井（テンジョウ）
稲	稲作（いなサク）
雨	雨雲（あまぐも）
黄	黄金（こがね）
仮	仮病（ケビョウ）
何	何本（なんボン）
夏	夏至（ゲシ）
街	街道（カイドウ）
境	境内（ケイダイ）
胸	胸板（むないた）
金	金物（かなもの）
群	群がる（むらがる）
兄	兄弟（キョウダイ）
嫌	機嫌（キゲン）
献	献立（コンだて）
紅	真紅（シンク）
合	合戦（カッセン）
再	再来年（サライネン）
歳	歳暮（セイボ）
財	財布（サイフ）
仕	給仕（キュウジ）
児	小児科（ショウニカ）
七	七日（なのか）
守	留守（ルス）
手	手綱（たづな）
酒	酒屋（さかや）
修	修行（シュギョウ）
舟	舟歌（ふなうた）
出	出納（スイトウ）
緒	情緒（ジョウチョ）
除	掃除（ソウジ）
上	上着（うわぎ）
神	神主（かんぬし）
仁	仁王（ニオウ）
星	明星（ミョウジョウ）
盛	繁盛（ハンジョウ）
精	精進（ショウジン）
声	声色（こわいろ）
静	静脈（ジョウミャク）
昔	今昔（コンジャク）
石	磁石（ジシャク）
	石高（コクだか）
切	一切（イッサイ）
船	船旅（ふなたび）
早	早速（サッソク）
弟	兄弟（キョウダイ）
	弟子（デシ）
天	天下り（あまくだり）
度	支度（シタク）
棟	棟木（むなぎ）
豆	大豆（ダイズ）
読	読点（トウテン）
内	内裏（ダイリ）
納	納得（ナットク）
	出納（スイトウ）
拍	拍子（ヒョウシ）
白	白壁（しらかべ）
八	八日（ようか）
反	反物（タンもの）
彼	彼女（かのジョ）
苗	苗代（なわしろ）
夫	夫婦（フウフ）
風	風上（かざかみ）
奉	奉行（ブギョウ）
坊	坊ちゃん（ボッちゃん）
暴	暴露（バクロ）
木	木立（こだち）
問	問屋（とんや）
留	留守（ルス）
露	披露（ヒロウ）
六	六日（むいか）

●高校で習う読み方の例（2級出題範囲）

依	帰依（キエ）
疫	疫病神（ヤクビョウがみ）
益	御利益（ゴリヤク）
遠	久遠（クオン）
火	火影（ほかげ）
華	香華（コウゲ）

回	回向	（エコウ）
格	格子	（コウシ）
眼	開眼	（カイゲン）
期	最期	（サイゴ）
脚	脚立	（キャたつ）
久	久遠	（クオン）
宮	宮内庁	（クナイチョウ）
虚	虚空	（コクウ）
供	供養	（クヨウ）
仰	信仰	（シンコウ）
勤	勤行	（ゴンギョウ）
建	建立	（コンリュウ）
懸	懸念	（ケネン）
権	権化	（ゴンゲ）
験	霊験	（レイゲン）
厳	荘厳	（ソウゴン）
庫	庫裏	（クリ）
功	功徳	（クドク）
行	行脚	（アンギャ）
貢	年貢	（ネング）
香	香車	（キョウシャ）
殺	相殺	（ソウサイ）

	殺生	（セッショウ）
事	好事家	（コウズカ）
質	言質	（ゲンチ）
若	老若	（ロウニャク）
寂	寂然	（セキゼン）
主	法主	（ホッス）
就	成就	（ジョウジュ）
衆	衆生	（シュジョウ）
従	従三位	（ジュサンミ）
	従容	（ショウヨウ）
祝	祝儀	（シュウギ）
女	女房	（ニョウボウ）
上	上人	（ショウニン）
情	風情	（フゼイ）
食	断食	（ダンジキ）
神	神神しい	（こうごうしい）
数	数寄屋	（スキや）
成	成仏	（ジョウブツ）
政	摂政	（セッショウ）
清	六根清浄	
		（ロッコンショウジョウ）
声	大音声	（ダイオンジョウ）

請	普請	（フシン）
青	緑青	（ロクショウ）
赤	赤銅	（シャクドウ）
節	お節	（おセチ）
説	遊説	（ユウゼイ）
想	愛想	（アイソ）
贈	寄贈	（キソウ）
団	布団	（フトン）
壇	土壇場	（ドタンバ）
着	愛着	（アイジャク）
通	通夜	（ツヤ）
度	法度	（ハット）
頭	音頭	（オンド）
道	神道	（シントウ）
南	南無	（ナム）
納	納屋	（ナヤ）
	納戸	（ナンど）
馬	絵馬	（えま）
博	博労	（バクロウ）
鉢	衣鉢	（イハツ）
反	謀反	（ムホン）
煩	煩悩	（ボンノウ）

病	疾病	（シッペイ）
富	富貴	（フウキ）
風	風情	（フゼイ）
歩	歩	（フ）
法	法度	（ハット）
	法主	（ホッス）
亡	亡者	（モウジャ）
謀	謀反	（ムホン）
凡	凡例	（ハンレイ）
耗	心神耗弱	
		（シンシンコウジャク）
目	面目	（メンボク）
	目深	（まぶか）
唯	唯唯諾諾	（イイダクダク）
由	由緒	（ユイショ）
遊	遊山	（ユサン）
律	律儀	（リチギ）
立	建立	（コンリュウ）
流	流布	（ルフ）
糧	兵糧	（ヒョウロウ）
緑	緑青	（ロクショウ）
和	和尚	（オショウ）

▼熟字訓・当て字110語

●中学までに習う読み方の例（2級／準2級／3級出題範囲）

あ

明日（あす）　小豆（あずき）　硫黄（いおう）　意気地（いくじ）　田舎（いなか）
海原（うなばら）　乳母（うば）　浮つく（うわつく）　笑顔（えがお）　お母さん（おかあさん）
叔父・伯父（おじ）　お父さん（おとうさん）　大人（おとな）　乙女（おとめ）
叔母・伯母（おば）　お巡りさん（おまわりさん）

か

風邪（かぜ）　仮名（かな）　為替（かわせ）　河原・川原（かわら）　昨日（きのう）
今日（きょう）　果物（くだもの）　今朝（けさ）　景色（けしき）　心地（ここち）　今年（ことし）

さ

早乙女（さおとめ）　差し支える（さしつかえる）　五月晴れ（さつきばれ）　早苗（さなえ）
五月雨（さみだれ）　時雨（しぐれ）　竹刀（しない）　芝生（しばふ）　清水（しみず）　三味線（しゃみせん）　砂利（じゃり）　上手（じょうず）　白髪（しらが）　相撲（すもう）　草履（ぞうり）

た

太刀（たち）　立ち退く（たちのく）　七夕（たなばた）　足袋（たび）　一日（ついたち）
梅雨（つゆ）　凸凹（でこぼこ）　手伝う（てつだう）　時計（とけい）　友達（ともだち）

な

名残（なごり）　雪崩（なだれ）　兄さん（にいさん）　姉さん（ねえさん）

は

博士（はかせ）　二十・二十歳（はたち）　二十日（はつか）　波止場（はとば）　一人（ひとり）
日和（ひより）　二人（ふたり）　二日（ふつか）　吹雪（ふぶき）　下手（へた）　部屋（へや）

ま

迷子（まいご）　真っ赤（まっか）　真っ青（まっさお）　土産（みやげ）　息子（むすこ）
眼鏡（めがね）　紅葉（もみじ）　木綿（もめん）　最寄り（もより）

や

八百屋（やおや）　大和（やまと）　行方（ゆくえ）

わ

若人（わこうど）

●高校で習う読み方の例（2級出題範囲）

あ

海女（あま）　一言居士（いちげんこじ）　息吹（いぶき）
浮気（うわき）　お神酒（おみき）
母屋・母家（おもや）

か

神楽（かぐら）　河岸（かし）
蚊帳（かや）　玄人（くろうと）

さ

雑魚（ざこ）　桟敷（さじき）
数珠（じゅず）　素人（しろうと）
師走（しわす・しはす）
数寄屋・数奇屋（すきや）

た

山車（だし）　稚児（ちご）　築山（つきやま）　伝馬船（てんません）
投網（とあみ）　十重二十重（とえはたえ）　読経（どきょう）

な

仲人（なこうど）　野良（のら）
祝詞（のりと）

ま

猛者（もさ）

や

八百長（やおちょう）
浴衣（ゆかた）　寄席（よせ）

◆級別漢字表（小学校学年別配当漢字を除く九三九字）

級	あ	い	え	お	か	き	く	け	こ	さ	し
2・準2級	亜	尉逸姻韻	疫謁猿	凹翁虞	渦禍靴寡稼蚊拐懐劾涯垣核殻嚇潟括喝渇褐轄且缶陥患堪棺款閑寛憾還艦頑	飢宜偽擬糾窮拒享挟恭矯暁菌琴謹襟吟	隅勲薫	茎渓蛍慶傑嫌献謙繭顕懸弦	呉碁江肯侯洪貢溝衡購拷剛酷昆懇	佐唆詐砕宰栽斎崎索酢桟傘	肢嗣賜滋璽漆遮蛇勺酌爵珠儒囚臭愁酬醜汁充渋銑叔淑粛塾俊准殉循庶緒叙升抄肖尚宵症祥渉訟硝粧詔奨彰償礁浄剰縄壌醸津唇娠紳診刃迅甚
3級	哀	慰	詠悦閲炎宴	欧殴乙卸穏	佳架華嫁餓怪悔塊慨該概郭隔穫岳掛滑肝冠勘貫喚換敢緩	企岐忌軌既棋棄騎欺犠菊吉喫虐虚峡脅凝斤緊	愚偶遇	刑契啓掲携憩鶏鯨倹賢幻	孤弧雇顧娯悟孔巧甲坑拘郊控慌硬絞綱酵克獄恨紺魂墾	債催削搾錯撮擦暫	祉施諮侍慈軸疾湿赦邪殊寿潤遵如徐匠昇掌晶焦衝鐘冗嬢錠譲嘱辱伸辛審
4級	握扱	依威為偉違維緯壱芋陰隠	影鋭越援煙鉛縁	汚押奥憶	菓暇箇雅介戒皆壊較獲刈甘汗乾勧歓監環鑑含	奇祈鬼幾輝儀戯詰却脚及丘朽巨拠距御凶叫狂況狭恐響驚仰	駆屈掘繰	恵傾継迎撃肩兼剣軒圏堅遣玄	枯誇鼓互抗攻更恒荒香項稿豪込婚	鎖彩歳載剤咲惨	旨伺刺脂紫雌執芝斜煮釈寂朱狩趣需舟秀襲柔獣瞬旬巡盾召床沼称紹詳丈畳殖飾触侵振浸寝慎震薪尽陣尋

	す	せ	そ	た	ち	つ	て	と	な	に	ね	の	は	ひ	ふ	へ
2・準2級	帥睡錘枢崇据杉	畝斉逝誓析拙窃仙栓旋践銑遷薦繊禅漸	租疎塑壮荘捜挿曹喪槽霜藻	妥堕惰駄泰濯但棚	痴逐秩嫡衷弔挑眺釣懲勅朕	塚漬坪	呈廷邸亭貞逓偵艇泥迭徹撤	悼搭棟筒謄騰洞督凸屯	軟	尼妊忍	寧		把覇廃培媒賠伯舶漠肌鉢閥煩頒	妃披扉罷猫賓頻瓶	扶附譜侮沸雰憤	丙併塀幣弊偏遍
3級	炊粋衰酔遂穂随髄	瀬牲婿請斥隻惜籍摂潜繕	阻措粗礎双桑掃葬遭憎促賊	怠胎袋逮滞滝択卓託諾奪胆鍛壇	稚畜窒抽鋳駐彫脹超聴陳鎮	墜	帝訂締哲	斗塗凍陶痘匿篤豚		尿	粘		婆排陪縛伐帆伴畔藩蛮	卑碑泌姫漂苗	赴符封伏覆紛墳	癖
4級	吹	是井姓征跡占扇鮮	訴僧燥騒贈即俗	耐替沢拓濁脱丹淡嘆端弾	恥致遅蓄沖跳徴澄沈珍		抵堤摘滴添殿	吐途渡奴怒到逃倒唐桃透盗塔稲踏闘胴峠突鈍曇		弐		悩濃	杯輩拍泊迫薄爆髪抜罰般販搬範繁盤	彼疲被避尾微匹描浜敏	怖浮普腐敷膚賦舞幅払噴	柄壁

	ほ	ま	み	む	め	も	や	ゆ	よ	ら	り	る	れ	ろ	わ	計		累計
2・準2級	浦泡俸褒剖紡朴僕撲掘奔	麻摩磨抹	岬		銘	妄盲耗匁	厄	愉諭癒唯悠猶裕融	庸窯	羅酪	痢履柳竜硫虜涼僚寮倫	累塁	戻鈴		賄枠	三三七字	三級まで　一六〇八字	一九四五字
3級	募慕簿芳邦奉胞倣崩飽縫乏妨房某膨謀墨没翻	魔埋膜又	魅		滅免			幽誘憂	揚揺擁抑	裸濫	吏隆了猟陵糧厘		励零霊裂廉錬	炉浪廊楼漏	湾	二八六字	四級まで　一三二二字	一六〇八字
4級	捕舗抱峰砲忙坊肪冒傍帽凡盆	慢漫	妙眠	矛霧娘		茂猛網黙紋	躍	雄	与誉溶腰踊謡翼	雷頼絡欄	離粒慮療隣	涙	隷齢麗暦劣烈恋	露郎	惑腕	三一六字	五級まで　一〇〇六字（学習漢字）	一三二二字

編集協力　オフィス海

漢字検定準2級〔頻出度順〕問題集

編　者　資格試験対策研究会
発行者　高橋秀雄
印刷所　宏進社
発行所　**高橋書店**

〒112-0013
東京都文京区音羽1-22-13
電話　03-3943-4525(販売)／03-3943-4529(編集)
FAX　03-3943-6591(販売)／03-3943-5790(編集)
振替　00110-0-350650

ISBN4-471-27373-6

Z－4－③